Australisch kochen

Der Autor

Stefan Ullmann, geboren 1960 in Freiberg; Studium der chinesischen und englischen Sprache in Berlin und Shanghai; mehrere Reisen und Arbeitsaufenthalte in Australien, langjährige Tätigkeit als freiberuflicher Übersetzer und Dolmetscher; veröffentlichte den Band »Chinesisch kochen« (Edition diá, Berlin 1993). Stefan Ullmann lebt und arbeitet in Berlin.

Stefan Ullmann

◆

Australisch kochen

Gerichte und ihre Geschichte

◆

Verlag Die Werkstatt · Edition d i á

4

Die Deutsche Bibliothek - CIP-Einheitsaufnahme

Ein Titeldatensatz für diese Publikation ist bei
Der Deutschen Bibliothek erhältlich

1   2   3   2002   2001   2000

© an der deutschsprachigen Ausgabe:
Edition diá, Berlin 2000
Dieses Buch erscheint in der Reihe
»Gerichte und ihre Geschichte« im
Verlag Die Werkstatt, Göttingen.
Alle Rechte vorbehalten
Druck und Bindung:
Westermann Druck Zwickau GmbH
Gesamtherstellung: Verlag Die Werkstatt,
Lotzestraße 24a, 37083 Göttingen

ISBN 3-89533-281-X

Inhalt

Die australische Küche

Kängurus und Koalabären, der gigantische Felsen
Ayers Rock im trockenen, rotsandigen Herzen des
Landes, das Opera House in Sydney, die weite, un-
berührte Wildnis – sie haben Australien, den
kleinsten Kontinent der Welt, bekannt gemacht.

Neue fremde Welt

Mehr als 200 Jahre sind vergangen, seit die erste
Flotte, aus England kommend, im Januar 1788 bei
Sydney Cove ihre Anker warf, den Union Jack hiss-
te und ihre Ladung löschte: zum größten Teil ver-
bannte Strafgefangene. In der Nähe des *Tank
stream*, der ersten verfügbaren Trinkwasserquelle,
wurden Zelte aufgeschlagen und die Vorräte an
Land gebracht. Als Einziger konnte Gouverneur
Phillip die erste Nacht unter einem festen Dach verbringen, für ihn hatte man in weiser Voraussicht
eine transportable Hütte aus England mitgebracht.

Die ersten Engländer

Doch das Land, das man in Besitz nahm, war
nicht menschenleer. Zu jener Zeit lebten dort bis
zu 500.000 Aborigines als nomadisierende Jäger
und Sammler. Ihr Lebensraum umfasste nicht nur
die klimatisch günstigen Küstengebiete, sondern
auch die wüstenähnlichen Gegenden im Inneren
des Landes. In vielen Millionen Jahren natürlicher
Isolation hatte sich deren einzigartige Umgebung
entwickelt: Beuteltiere, zu denen neben Kängurus
und Koalas auch die Wallabys gehören, kleinere
Vertreter der Kängurus, sowie die in Erdhöhlen lebenden massigen Wombats und Opossums oder
Beutelratten; aus der Urzeit überlebende Eier le-
gende Säugetiere wie das Schnabeltier und der
Schnabeligel, der Lizard, eine große Eidechse mit
Stummelschwanz, der Goanna, eine mit den Wara-
nen verwandte Echse, und nicht zuletzt die bis zu
sieben Meter langen gefräßigen Salzwasserkroko-
dile. Australiens Busch ist geprägt von den lichten
Laubkronen und den kräftigen, hellen Stämmen
der Eukalyptusbäume und von den gelben Blüten
der Wattlebäume, der Akazien, die beide in unzäh-
ligen Arten vorkommen.

Da die weißen Neuankömmlinge sich in dieser Umgebung nicht auskannten und man in England versäumt hatte, der Flotte notwendige Lebensmittel wie Suppenkonzentrat, Weizen und eingelegtes Gemüse mitzugeben, traten schon nach vier Monaten viele Fälle der Vitaminmangelkrankheit Skorbut auf, von denen einige tödlich endeten. So sah man sich gezwungen einheimische Gemüsesorten zu suchen, um diese Lücke zu schließen; man fand eine sellerieartige Pflanze, die sich mit einer kleinen wilden Feige und verschiedenen Beeren gut als Pickles zubereiten ließ. Die wöchentliche Ration für die Soldaten und die männlichen Sträflinge bestand im ersten Jahr nach der Landung aus sieben Pfund Brot oder Mehl, sieben Pfund Rind oder vier Pfund Schwein, 1,5 Liter Erbsen, sechs Unzen Butter sowie einem Pfund Mehl oder einem halben Pfund Reis. Frauen erhielten zwei und Kinder nur ein Drittel. Allerdings ließ Phillip die ungenügenden Kinderrationen mehrmals auf die Hälfte oder sogar auf zwei Drittel der vollen Ration anheben. Von September 1788 an, als die Vorräte zur Neige gingen, bis zum Juni 1790, als die zweite Flotte mit Versorgungsschiffen eintraf, stand die isolierte Kolonie im ständigen Kampf gegen den Hunger. Die Arbeitszeit musste gekürzt werden, da die Arbeiter schwächer wurden. Diebstahl wurde drakonisch bestraft und bei Dinner-Einladungen brachte man selbstverständlich sein eigenes Brot mit.

Vieles von der Folklore, die man heute mit Essen und Trinken in Australien verbindet, hat seinen Ursprung in dieser frühen Kolonialzeit. Nicht wenige alte Bräuche und Traditionen wurden vom Mutterland Großbritannien übernommen und dem harten Leben in der Ferne angepasst. Rezepte aus dem guten alten England und aus Irland wurden »australisiert«, indem man Zutaten einsetzte, die Australiens Natur bot, und auch die Namen der Gerichte so änderte, dass sie mehr nach *Downunder* klangen. Umgekehrt tauchte Kängurufleisch in der Tarnung eines Roastbeef oder Rindersteaks bei Tisch auf und gelegentlich kam auch ein Wombat als Bacon, als geräucherter englischer Speck, zu Ehren.

Andere Gerichte und Gewohnheiten entwickelten sich durch das Leben im *Outback*, dem wilden Hinterland. Die großen Entfernungen machten das Reisen zu einer zeitaufwändigen Angelegenheit und erforderten ein Leben unter freiem Himmel. Nach Ausbruch des Goldfiebers in der Mitte des 19. Jahrhunderts waren die Straßen voll von Reisenden, die aus allen Richtungen in die Zeltstädte auf den Goldfeldern strömten, um ihr Glück zu versuchen. Es gab die Landvermesser, die meist für lange Zeit fernab der Zivilisation ihr Lager aufschlugen und versuchten, die endlosen Weiten des Kontinents zu kartographieren ohne dabei selbst verloren zu gehen. Da waren die Siedler, die als Erste mit ihren wenigen Habseligkeiten in den wegelosen Busch zogen und dort Bäume für ihre Häuser fällten, um ein neues Leben zu beginnen, und die Landstreicher und Wanderarbeiter, die *Swagmen*, die mit ihrem Bündel auf dem Rücken, ebenjenem *Swag*, durch die Lande zogen, und natürlich die Buschläufer, die *Outlaws*, die ihr für gewöhnlich kurzes Leben auf dem Pferderücken oder in Höhlen zubrachten. Schafhirten und Viehtreiber hatten ihre Hütten auf abgelegenen Weiden oder zogen mit dem Vieh jeden Tag ein paar Meilen, um dann dort ihre Zelte aufzuschlagen, wo sie bei Sonnenuntergang ankamen. Das Kochen am Lagerfeuer hat seinen Platz im australischen *Way of life* nie mehr verloren. Das einfache Leben im Freien – früher eine Notwendigkeit, heute ein Vergnügen – wurde immer vom milden Klima unterstützt.

Sie alle mussten unterwegs auf das zurückgreifen, was in der Wildnis noch am ehesten verfügbar war und sich auch in Satteltaschen über Tage oder sogar Wochen bei großer Hitze transportieren ließ. Die Auswahl war nicht gerade üppig und beschränkte sich gewöhnlich auf Tee, *Damper* und Pökelfleisch als Lebensgrundlage. Vor allem um den *Damper*, das Buschbrot, entwickelte sich ein

Das Leben im Outback

Wildnis und endlose Weiten

Buschbrot und Billy

regelrechter Kult, dem auch heute noch mit Lust gefrönt wird. Ursprünglich bestand er aus purem Mehl, das mit Wasser und einer Prise Salz zu einem Teig geknetet wurde, manchmal auf einem Stück Rinde, so wie man es von den Aborigines gelernt hatte, manchmal direkt im Mehlsack. Der runde und etwa fünf bis acht Zentimeter starke Laib wurde in die heiße Asche eines gerade erloschenen Feuers gelegt und völlig damit bedeckt, um Luft vom Brot fern zu halten und es so vor dem Verbrennen zu bewahren. Nach etwa einer halben Stunde, wenn die Kruste schön fest und knusprig war, wurde es aus der Asche geholt, kräftig abgeklopft und noch warm verzehrt. Es gibt viele Zeugnisse über die Vorzüge des Buschbrotes und mindestens ebenso viele über dessen Unverdaulichkeit. Wie auch immer, es war lebensnotwendig, *Damper* backen zu können, um im *Outback* zu überleben, und deshalb gab es ebenso viele Tipps für seine Herstellung wie über das Anlegen eines beständigen Lagerfeuers. Man begann mit der Zeit *Damper* im *Camp oven*, dem Lagerofen, zu backen, einem großen dreibeinigen Topf aus Eisen. Dazu gehörte ein flacher Deckel, auf den man die Asche häufen konnte, und ein großer Henkel, um ihn aus der Asche zu heben ohne sich die Finger zu verbrennen. Der Ursprung der *Damper* liegt wahrscheinlich in Irland, aus dem ein beträchtlicher Teil der Einwanderer kam; dort war Sodabrot lange Zeit das Grundnahrungsmittel gewesen.

Johnny cakes

Aus dem gleichen Teig wurden auch Buschbrötchen hergestellt, die so genannten *Johnny cakes*. Sie wurden meist mit gepökeltem Rind- oder Hammelfleisch verzehrt und mit Unmengen Tee hintergespült – das ideale Getränk für unterwegs. Zubereitet wurde er im *Billy*, einem etwa fünf Liter fassenden Konserveneimer mit Henkel, der auch sonst als universelles Kochgeschirr diente. Etwa eine Hand voll Tee kam in einen *Billy* mit kochendem Wasser. Das Problem des auf der Oberfläche schwimmenden Tees lösten Könner, indem sie den *Billy* am Henkel seitlich vom Körper am ausgestreckten Arm rotieren ließen, so dass die Fliehkraft die Blätter auf den Boden drückte. Wem das zu gefährlich war, der brachte sie durch Klopfen an die Wandung zum Sinken. Über die Herkunft des Namens *Billy* streiten sich die Geister. Manche meinen, er stamme vom französischen Wort *Bouillon*, da in den Konserven früher Suppenkonzentrat geliefert wurde. Andere sagen, er komme von *Billa*, einem aus mehreren Eingeborenensprachen zusammengesetzten Begriff für Wasser und Fluss oder Fisch. Der *Billy* war aus dem Leben im Busch nicht wegzudenken. Da Tee jedoch nicht billig war, begann man frühzeitig einheimische Pflanzen auf ihre Brauchbarkeit als Tee-Ersatz zu testen und entdeckte so die *Melaleuca*, die seitdem als Teebaum bekannt ist.

Melaleuca, der Teebaum

Die Vielfalt in der Küche hing vor allem davon ab, wo man lebte. In der Nähe von Flüssen wurde Dorsch gegessen, als Meeresfisch vor allem in den Mündungsbereichen der Flüsse vorhanden, und Barbe, während die Schaf- oder Rinderfarmer im *Outback* sich von Früchten, verwilderten Schweinen und Kängurus ernährten. Die Küstenbewohner hatten die Früchte des Meeres zur Verfügung, während die Abenteurer, Landstreicher und Wanderarbeiter, die das ganze Jahr über unterwegs waren, von Pökelfleisch und getrockneten Nahrungsmitteln lebten. Ein Problem jener frühen Jahre bestand in den fehlenden Transportmöglichkeiten für Lebensmittel. Bis etwa 1850 wurden dafür vielspännige Ochsenkarren, so genannte *Bullock-Waggons*, sowie Packpferde eingesetzt. Die ersten Reisekutschen wurden 1853 aus Amerika importiert. 1850 hatte man mit dem Bau einer Eisenbahnlinie zwischen Sydney und dem jetzigen Vorort Parramatta begonnen. Dieses Projekt wurde jedoch erst viele Jahre später erfolgreich beendet, weil in der Zeit des *Gold rush* auch die Arbeiter ihr Glück als *Digger* versuchten. Erst nach zwei Jahrzehnten kollektiver Glückssuche verbesserte sich das Transportwesen so weit, dass frische Waren in der Folge auch entlegenere Siedlungen regelmäßig erreichten, vor allem über das ausgedehnte Netz der Flussschifffahrt. Um 1890 schließlich waren alle größeren Städte durch ein Netz von Bahnlinien und Reisekutschen miteinander verbunden.

Lernen von den Aborigines

Die frühen Siedler hielten die Ernährungsweise der Aborigines für karg und uninteressant. Das war jedoch in erster Linie Ausdruck der allgemeinen Ignoranz den Einheimischen gegenüber. In Wirklichkeit stand den Aborigines mit Geflügel, wildem Reis, Getreide, Meeresfrüchten und Nüssen ein breites Nahrungsangebot zur Verfügung. Viel später erst lernten abenteuerlustige Pioniere, die immer weiter ins Landesinnere vordrangen, wie die Aborigines zu kochen, und »Buschfutter« oder *Bush tucker* wurde zu einem wichtigen Teil ihrer Grundnahrung.

Das anfangs am meisten verwendete einheimische Grünzeug war *Pigweed* oder Schweinekraut (*Portulaca oleracea*) – besonders Schweine waren ganz verrückt danach –, dessen kleine Blätter und Stängel nach dem Kochen ein saftiges Gemüse abgaben, das aber auch frisch gegessen wurde. Daneben wurde noch eine Reihe anderer Gemüse verwendet, wie Warrigal oder Neuseeland-Spinat, Greiskraut und wilder Kohl. Die blauschwarzen Früchte des Sandelholzstrauches, Wüstenlimonen und Emuäpfel stillten den Durst vieler Reisender. Leider hat man erst viel zu spät erkannt, dass durch die europäischen Anbaumethoden viele Gebiete, in denen die Aborigines ihre Nahrung fanden, letztlich vernichtet wurden.

In den Städten

Die Städte der Kolonie Australien waren ein Spiegelbild Londons – oder zumindest wollten das ihre Einwohner glauben. Um 1800 war Sydney ein lärmender Handelsplatz mit einem vitalen Hafenviertel, den ersten Strukturen einer City und mit einer Bevölkerung, die nach immer mehr Komfort hungerte. Trotzdem führte die Isolation, in der sich die Kolonie befand, und der Frust, am vergessenen oder unbekannten Ende der Welt zu leben, zu einer Trunkenheit ungeheuren Ausmaßes. Bereits 1800, als Philip King Gouverneur von New South Wales wurde, herrschte ein schwunghafter und lukrativer Importhandel mit Rum, der von den Offizieren des

Ungeheure Trunkenheit

New South Wales Corps geführt wurde. King befürchtete nicht zu Unrecht, dass die Vorliebe für starke Getränke aus dem Ruder laufen könne, und förderte das Brauen von Bier. Das erste australische Bier entstand 1795, also schon sieben Jahre nach der Besiedelung. Die erste Brauerei stand 1803 in Parramatta, der erste Hopfen wurde 1812 geerntet. Es überwogen schwere, dunkle Sorten, genannt *Shearer's Joy* (Scherers Freude), da sie besonders aus Anlass der Schafschur gefragt waren.

In den ersten 20 Jahren der Besiedelung brachte Sydney bei einer Bevölkerung von gerade mal 20.000 Menschen über 200 Bierhäuser, *Alehouses*, hervor. Das stellte selbst das Londoner Hafenviertel weit in den Schatten. Die Wirte der Zeit machten sich nicht viel daraus, ihre scheußlichen Mixturen aus billigem Rum, Wasser, Tabak, gebranntem Zucker und dem, was sich sonst noch so finden ließ, Schluck für Schluck unter die Leute zu bringen. Die tödlichen Drinks trugen nicht gerade dazu bei, das Ansehen der Stadt und die Gesundheit ihrer Einwohner zu verbessern.

Offizielle Berichte sprachen davon, dass die Straßen mit betrunkenen Männern, Frauen und Kindern überschwemmt seien. Der *Sydney Herald* lamentierte 1837, dass man nicht um eine Ecke biegen könne ohne mit einem betrunkenen Scheusal zusammenzustoßen.

Da New South Wales eine Strafkolonie war, fungierte Sydney als großer Militärstützpunkt. Erst ab 1830 machte man sich Gedanken über Stadtplanung und öffentliche Dienste. Als Erstes wurden Märkte angelegt, um die Versorgung der wachsenden Bevölkerung in geordnete Bahnen zu lenken. Um 1850 hatten Sydney und Melbourne eine solche Größe erreicht, dass Hotels und Pensionen die einfachen Absteigen zu verdrängen begannen.

Ab 1840 luden die *Auction rooms* in Melbourne zum regelmäßigen Champagnerfrühstück mit kaltem Geflügel, Schinken, Brandy, Bier: Nun konnte man auch an diesem Ende der Welt endlich in Champagner baden. Diejenigen, die Zeit hatten, kamen hereingeweht, schlugen mit dem Messer

Glanz und Elend

der Flasche, die sie greifen konnten, den Kopf ab, schwatzten ein paar Minuten und schaukelten wieder hinaus.

Australien war damals ein Land, das unglaubliche Möglichkeiten wie Enttäuschungen zu bieten hatte. Die Reichen importierten bestes Porzellan, feine Möbel, selbst Klaviere. Sie engagierten Diener, bestellten Menüs, die jedem Londoner Restaurant zur Ehre gereicht hätten, und taten so, als seien es bis zum Big Ben nur drei Stunden mit der Kutsche. Die Armen in den Städten hingegen versorgten sich in den Kneipen und bei den Straßenhändlern mit Pasteten oder Würsten. Diese fliegenden Imbisse – vor allem die Würstchenhändler, die mit kleinen Wagen daherkamen oder einen kleinen Ofen vor den Oberkörper geschnallt trugen – scheinen den Großteil des fliegenden Handels ausgemacht zu haben. Daneben gab es noch den Buttermilchmann, den Brunnenkressemann und den Hausierer für Pfeifenton. Diese Straßenhändler mussten mit öffentlichen Ausrufern und anderen Krawallmachern um die Wette brüllen: mit dem städtischen Uhrenmann, der zu jeder vollen Stunde die Zeit ausrief, und dem Glockenmann, der mit seiner Glocke die Verkündung der neuesten Regierungserlasse ankündigte.

Das Leben im *Outback* war von äußerster Einfachheit geprägt. Ein Haus bestand aus vier Bretterwänden, einem Kamin, einem kleinen Lagerraum, einem Tisch, Stühlen und einem Bett. Man musste mit dem auskommen, was man hatte, und das war nicht viel. Und so sah es auch in der Küche aus. Man konnte wählen zwischen einem einfachen offenen Kamin, über dem an einem Gestell sämtliche Töpfe und Pfannen baumelten, und einem besseren Backofen aus Ziegeln oder Lehm, der meist außerhalb des Raumes an der Außenwand oder einige Meter entfernt freistehend errichtet wurde.

1864 wurde das erste echte australische Kochbuch veröffentlicht, *The English and Australian cookery book. Cookery for the many, as well as for the »Upper Ten Thousand«* von Edward Abbott, einem in Australien geborenen Aristokraten oder *Aristologist*, wie er sich selbst bezeichnete. Im *Outback* half man sich, indem man versuchte traditionelle Familienrezepte nachzukochen, selbst Rezepte erfand oder welche bei den Nachbarn abguckte. Trotz aller Schwierigkeiten sammelten manche Siedler diese neuen Rezepte und hielten sie, wenn möglich, schriftlich fest, so dass viele dieser Gerichte überliefert wurden.

Mit der Verbesserung der Farmwirtschaft erweiterten die Siedler ihre Anwesen. Eine eigene Hütte für die Küche kam hinzu und auch andere kleine Schuppen oder Hütten wurden je nach Bedarf gebaut: ein Schlachthaus, eine Räucherkammer, ein Backhaus und ein Lagerschuppen, in dem der Vorrat an Mehl, Zucker, Tee, Pökelfleisch und anderen Nahrungsmitteln für mehrere Monate aufbewahrt werden konnte, um für sich selbst und für die Kostgäste zu sorgen. Dazu gehörten Kutscher mehrspänniger Ochsenkarren, umherziehende Schafscherer und so genannte *Sundowners*, Tramps, die bei Sonnenuntergang gerade rechtzeitig zum Abendessen auftauchten und um etwas zu essen und mitunter um ein Dach für die Nacht baten, was man ihnen besser gewährte, um keine Schwierigkeiten zu bekommen.

Die *Stations* wurden größer und erlaubten den Kauf einer besseren Kücheneinrichtung, vor allem von Wasserfiltern und Schränken, um die Lebensmittel gegen die allgegenwärtigen Fliegen und Ameisen zu schützen, die immer eine Geißel des australischen Busches waren. Die Beine des Küchenschrankes standen in alten Konservendosen, die mit Wasser gefüllt waren. Die Fensterscheiben wurden mit Petroleum abgewischt, ein alter Läufer wurde mit Lavendelöl getränkt und in der Nähe der Fenster platziert, Gewürznelken hingen von der Decke und Töpfe mit Fenchel standen an allen strategischen Punkten. Wenn das alles nichts half, bastelte man aus Packpapier, Alaun, Leinöl, Harz und Honig einen Fliegenfänger.

Das zentrale Problem im *Outback* war, die Lebensmittel frisch zu halten. Die wohlhabenden

Zivilisationssprünge

Siedler hatten kühle Keller unter ihren Häusern, die als Lager dienten. Alle anderen mussten sich mit Fleischsafes behelfen, die an einen schattigen Ort in einen nahen Baum gehängt wurden, oder mit einem *Coolgardie-Safe,* der mit feuchten Tüchern behangen wurde und die Verdunstungskälte nutzte. Obwohl das erste Gefrierwerk in Australien bereits 1861 gebaut wurde und Gefrierfleisch nach London exportierte, wurden die ersten Hauskühlschränke nicht vor 1930 verkauft. Wer es sich Mitte des 19. Jahrhunderts leisten konnte, kaufte einen amerikanischen Eisschrank und Eisblöcke zur Kühlung, die aus den gefrorenen Flüssen in den amerikanischen Neuengland-Staaten gehauen wurden. Das war jedoch eine kostspielige Angelegenheit.

Die Köche der Schafscherer

Diese Zeit brachte die berüchtigten Köche der Schafscherer hervor, die als die größte Kollektion von Trunkenbolden und Schlägern in die australische Geschichte eingingen. Sie arbeiteten auf den Schafstationen unter unvorstellbar schlechten Bedingungen und zogen von Ort zu Ort, immer der Schur hinterher. Neben den schlechten natürlichen Bedingungen hatten sich die von den Schafscherern gewählten und bezahlten Köche noch mit den Tücken des australischen Unionismus auseinander zu setzen. So konnte es passieren, dass die Scherer eine Gewerkschaftsversammlung einberiefen und einen Wechsel des Speiseplanes beschlossen, wonach es zum Beispiel an Sonntagen Schinken und Eier sowie dreimal in der Woche Butter geben solle. Zwei Tage später konnten sie dann, wiederum durch allgemeine Abstimmung, diese Entscheidung rückgängig machen, und der Koch blieb auf einem Berg von Lebensmitteln sitzen, die er in der Zwischenzeit beim Händler in der nächsten Stadt bestellt hatte. Auf einer Station, wo während der Schur bis zu 90 Scherer arbeiteten, gab es zum Frühstück Brot, Lammkotelett und Tee, mit *Golden Syrup* und manchmal Marmelade. Zu den Rauchpausen vormittags und nachmittags wurden Tee und Kaffee, Brot mit Butter sowie Brötchen gereicht. Das mittägliche Lunch bestand ausnahmslos aus gekochtem Hammel mit Brot und Tee, zum Dinner kam man bei gebratenem Hammel zusammen. Hammel gab es in allen Varianten, als Gulasch oder Eintopf, geschmort und in Pasteten. Wegen des Mangels an Gemüse war die Ernährung sehr eintönig. Kürbis war zwar gewöhnlich erhältlich, Kartoffeln waren jedoch selten und grünes Gemüse existierte im Prinzip nicht. Butter kam auch nicht oft in Frage, da sie in der herrschenden Hitze ohne Kühlung im Nu wegschmolz.

Ab etwa 1850 entstanden in großer Zahl Restaurants jeder Größe und jeden Stils. In Sydney tauchten an allen möglichen Ecken Gaststätten auf, viele mit der populären Werbung »So viel Sie für einen Schilling essen können«. Die King Street war bekannt für ihre in Mode gekommenen Austernbars, wo man in frischen Meeresfrüchten schwelgen konnte. Die berühmtesten Restaurants waren *Adam's Café* in der George Street, *Adolphe's Parisian Diner* in der Hunter Street und das *Café Restaurant Français* in der George Street, in dem die Kellner alle europäischen Sprachen beherrschten und der Besitzer, ein Mister Poehlman, zur hervorragenden französischen Küche Importweine anbot.

Obwohl die Siedler nur wenige Nahrungsressourcen des Kontinentes nutzten und auch die Art und Weise der Aborigines, mit Nahrung umzugehen, höchstens mit herablassender Neugier betrachteten, experimentierten sie anfangs doch in beträchtlichem Maße damit. Die meisten Siedler griffen zu dem, was ihnen in die Hände geriet, und wenn es sich als nicht genießbar herausstellen sollte, wurde es verworfen. Trotzdem fand eine überraschende Zahl von Vögeln und anderen Tieren ihren Weg in die Kochtöpfe und -bücher jener Zeit, kaum dass sie wissenschaftlich klassifiziert worden waren. Straßenhändler in Sydney und Melbourne boten nicht nur Wildenten, Schwäne, Kaninchen und Buschtruthähne zum Kauf an, sondern auch Känguru, Koala und Wildschwein. Die Australier wurden damals die größten Fleischgenießer der Welt.

Dreimal täglich Fleisch

Fleisch wurde gewöhnlich zu jeder der drei Mahlzeiten gegessen. Ein typisches Lunch, also ein Mittagessen, bestand aus Suppe, Fleischgericht und Süßspeise sowie Käse und Salat. Zu Abend gab es Suppe, Rind oder Hammel, gebraten oder gekocht, Kartoffeln und Gemüse, Arme Ritter mit Rosinen sowie Käse und Obst. Man war stolz auf das hochwertige Fleisch, das in vielen Ländern begehrt war und bis ins Mutterland England geliefert wurde. In den Restaurants erhielt man riesige Steaks mit ebenso großen Portionen Kartoffeln, Kürbis und Erbsen, alles in einer schweren Sauce schwimmend. Wer es sich leisten konnte, wusste durchaus zu leben. Eine repräsentative Dinnerparty um die Mitte des 19. Jahrhunderts bot Wallabyschwanzsuppe, gedünsteten Red Snapper mit Austernsauce, ein Wildgericht mit Kängurukeule, Flügel der Wongawonga-Taube mit Brotsauce und zum Dessert Kochbananen, Loquats, Guaven, Mandarinen und Granatäpfel.

Die Märkte, die um 1850 in den Städten entstanden, boten ein reichhaltiges Angebot an Obst und Gemüse. Es gab preiswerte Pfirsiche, teure Äpfel aus Tasmanien, Apfelsinen, Zitronen, Aprikosen, Feigen, Loquats, Passionsfrüchte, Birnen, Pflaumen, verschiedene Melonen, Beeren und vieles mehr. Die gleiche Vielfalt zeigte sich auch bei Gemüse mit Möhren, Rüben, Blumenkohl, Spargel, Broccoli, Zwiebeln, Kohlarten, Kartoffeln, Kürbissen und Gurken. Bei Getreide herrschte damals Mais vor und Weizen, der jedoch im Küstenklima nicht besonders gut gedieh und deshalb teuer war.

Die australische Pflanzenwelt wurde weitgehend ignoriert. Nach anfänglichen Kostproben wurden die einheimischen Gewächse nicht weiter beachtet. Hin und wieder tauchten Quandongs zur Herstellung von Marmelade in den Rezeptsammlungen auf und mitunter trifft man auf frittierte Akazienblüten. Um die Wende zum 20. Jahrhundert herum kamen sie kurz in Mode, vielleicht aus nationalistischen Gefühlen heraus, verschwanden jedoch bald wieder, was nicht weiter überrascht, da ein ganzer Korb voll abgepflückter Blüten nötig

Dinnerparty im 19. Jahrhundert

war, um einer kleinen Schüssel Teig wenigstens einen Hauch von Geschmack zu verleihen.

Viele australische Vögel sind sehr schmackhaft. Allerdings stehen sie heute mit Ausnahme der Entenvögel, die eine ganzjährige Jagdsaison erleiden, unter Schutz. Zwei Vögel, die im 19. Jahrhundert hoch geschätzt wurden, waren die Cape-Barren-Gans, die nur in Westaustralien und auf den Inseln der Bass Strait vorkommt, und die gescheckte Gans aus dem Northern Territory. Im Fall der Cape-Barren-Gans wurden einige Versuche unternommen, sie zu domestizieren, die jedoch alle der wilden Natur dieser Vögel wegen fehlschlugen. Der Naturforscher George Bennett schrieb dazu 1860: »Dieser Vogel ist so außerordentlich kampfeslustig, streitet mit dem Geflügel im Hof und attackiert auch Schweine, Hunde und andere Tiere, dass viele Leute, die diese Vögel erworben hatten, froh waren sie wieder loszuwerden.«

Meist aber jagte man die Trappe. Sie war am einfachsten zu schießen, da sie die unglückliche Gewohnheit hatte, zu erstarren, wenn sie von einem Jäger gestellt wurde. Trappen wurden seltener, als Schafe und Rinder weiter in die Grasgebiete vordrangen und damit diesen Vögeln, die Grasfresser sind, einen Teil ihrer Nahrungsgrundlage streitig machten.

Von den größeren Vögeln wurde noch der Brolga für sehr delikat befunden, bekannt auch als *Native companion*. Der Emu galt damals überraschenderweise als völlig ungenießbar. Die Eier wurden, wenn sie frisch waren, für Omeletts verwendet. In viel größerem Umfang wurden sie zu Kuriositäten verarbeitet – meist graviert und in einen silbernen Ständer eingepasst – und als Dekorationsstücke für Dinnerpartys verwendet. Solche Schmuckstücke, die dem victorianischen Geschmack entsprachen, kann man von Zeit zu Zeit noch in Antiquitätenläden finden.

Zwei weitere Vögel sind bis in unser Jahrhundert hinein begehrt gewesen – für den Kochtopf: der Akazienvogel und der Papagei. Über die Zube-

Die australische Tierwelt in der Küche

Vögel

20

reitung eines Papageis machte damals ein Busch-
witz die Runde: Man lege einen Papagei in einen
Topf Wasser, gebe einen Stein mit hinein, bringe alles zum Kochen und koche es so lange, bis der Stein
weich ist. Dann werfe man den Vogel weg und esse
den Stein.

Schlangen und Schildkröten

Schlangen und Echsen gegenüber bestand of-
fenkundig eine Abneigung, die bereits in die Zeit
des Entdeckungsreisenden William Dampier zu-
rückreicht, der in den Jahren 1688 und 1699 zweimal zur australischen Westküste gelangte und
seine Eindrücke folgendermaßen festhielt: »Ich
habe Schlangen, Krokodile und Alligatoren gegessen und viele dieser Kreaturen sehen schrecklich
aus. Es gibt nur wenige, vor denen ich mich
fürchte. Doch selbst wenn mich Hunger peinigen
sollte, denke ich, dass mein Magen sich kaum darauf einlassen würde, die Guanos aus Neuholland
zu versuchen, deren Anblick und Geruch gleichermaßen abschreckend sind.« Doch es gab Ausnahmen. Schildkrötensuppe war eine Delikatesse in
den besten Restaurants und Schildkrötensteaks
wurden um 1850 als Neuheit in Fischläden von
Cairns in Queensland angeboten. Buschläufer
aßen Schlangen und Goannas, eine bis zu zwei Meter lange Echsenart, deren Schwanz als Delikatesse
galt. Dampier war sehr angetan vom Geschmack
des Dugong, einer Seekuh, die von den Aborigines
in den Küstengebieten, von den Insulanern der
Torres-Strait-Inseln und ebenfalls auf Papua gern
gegessen wurde.

Känguru und Opossum

Von den Gras fressenden Tieren Australiens
standen vor allem Kängurus und Wallabys als
Fleischlieferanten hoch im Kurs. Manche Köche
fanden Känguru schmackhafter als Wild. Das
wurde auch von deutschen Feinschmeckern be-
stätigt, als in den sechziger Jahren des 20. Jahrhunderts größere Mengen Kängurufleisch in die BRD
exportiert wurden.

Fast alle Beuteltiere wurden damals auf ihre
Verwendungsfähigkeit in der Küche hin geprüft.
Auch der Koala blieb davon nicht verschont, wie
Behauptungen von frühen Siedlern zeigen, nach

denen sie mit »Kürbis und Bär« groß geworden seien. Der Echidna oder Ameisenigel wurde recht gern verzehrt, möglicherweise deshalb, weil er in seinem Aussehen dem englischen Igel ähnelte, der dort als Delikatesse angesehen wurde. Er wurde in eine dicke Lehmkugel gerollt und etwa vier Stunden in einer Aschegrube gebacken. Nach dem Aufschlagen des Lehms blieben die Stacheln und die Haut daran haften, das Fleisch konnte ohne Schwierigkeiten gegessen werden. Trotzdem konnte es vorkommen, dass der aufdringliche Geschmack nach Ameisen nicht ganz verschwand.

Die meistgenannte Kuriosität aus den Tagen der Erschließung des Busches ist »Opossum im Kürbis«. Das Opossum wurde für sein Fell hoch geschätzt, und das genannte Gericht war anscheinend aus der Notwendigkeit heraus geboren, die Tiere zu verwerten, die in den Lagern der Jäger anfielen und sonst nicht weiter von Nutzen waren. Das gewürfelte Opossumfleisch wurde mit etwas Kürbisfleisch in einem ausgehöhlten Kürbis mit wenig Salz und Wasser in einer heißen Aschegrube so lange gedünstet, bis es gar war.

Mit dem schnellen Wachstum der Rinder- und der Schafzucht und auch mit einem weiteren Ansteigen des Angebots an Schweinen und Geflügel fand das Experimentieren mit einheimischen Tieren ein Ende. Außerdem wurde »echtes« Wild – Kaninchen, Hase und Fuchs – eingeführt, auch um die Jagdgelüste zu befriedigen. Es war also nicht mehr notwendig, sich mit dem Beuteldachs herumzuärgern oder Fliegenden Füchsen die Schwingen abzuschneiden.

Rinder, Schweine & Co.

Die Aborigines

Die Geschichte und die kulinarischen Traditionen Australiens sind seit jeher eng mit den Einwanderungen verbunden. Die ersten Bewohner des Kontinents, die Vorfahren der heutigen Aborigines, kamen vor etwa 50.000 Jahren aus Asien über die Inseln Indonesiens. Die ältesten Nachweise dieser frühen Besiedelung finden sich im Kakadu-Nationalpark in Nordaustralien. Wahrscheinlich fand die Einwanderung in mehreren Wellen über einen Zeitraum von mehreren Tausend Jahren hinweg statt. Die Gegend des späteren Sydney erreichten die Vorfahren der Aborigines vor etwa 42.000 Jahren, siedelten dann immer weiter südwärts, bis sie schließlich vor vielleicht 30.000 Jahren nach Tasmanien kamen. Wahrscheinlich waren es Einwohner Südostasiens, die sich auf den Weg nach Süden begaben, indem sie von Insel zu Insel segelten, bis sie schließlich an die damalige Nordküste Australiens im jetzigen Neuguinea gelangten. Der Wasserspiegel des Meeres war zu jener Zeit – während einer Eiszeit – viel niedriger als heute, so dass die weiteste Entfernung zwischen Südostasien und Australien nicht mehr als 60 Kilometer betrug. Das Land, das die ersten Einwanderer entdeckten, unterschied sich in großen Teilen vom heutigen Australien. Es war von der Fläche her sehr viel größer und reichte von der Nordküste Neuguineas bis zur Südküste Tasmaniens. Das Inland war feuchter als jetzt und somit besser geeignet für die menschliche Besiedelung.

Die Bewohner Australiens stützten sich über mehrere Zehntausend Jahre hinweg auf das, was sie ausgraben konnten, auf der Jagd oder in Fallen erbeuteten und auf sonstige Weise erlegten. Aufgrund ihrer Geschicklichkeit, ihrer Anpassungsfähigkeit und ihres Wissens über Pflanzen und Tiere scheinen sie auch nicht an solchen Mangelkrankheiten wie Skorbut und Beriberi gelitten zu haben, selbst später in Zeiten allgemeinen Hungers nicht, als die Europäer, die neben ihnen lebten, stark damit zu kämpfen hatten.

Die Aborigines aßen viel mehr unterschiedliche Fleischsorten als ein städtischer Australier heute. Die Aborigines konnten riesige Mengen Fleisch auf einmal verzehren, wenn sie es gerade zur Verfügung hatten. Kängurus, Opossums, Eidechsen und Muscheln waren die Hauptnahrungsmittel. Volksgruppen an den Küsten und Flüssen aßen mehr Fleisch als ihre Verwandten in der Wüste, die größtenteils von kleinen Tieren abhängig waren: Drachenechsen, Grashüpfern und haarigen Raupen.

Das Ansehen eines Mannes beruhte zum großen Teil auf seinen Fertigkeiten, Kängurus und andere große Tiere zu erlegen. In einigen Stämmen war es für die jungen Männer Teil des Initiationsrituals, ein großes Känguru zu erbeuten. Diese wurden auf verschiedene Art und Weise gejagt: Ihnen wurde einzeln nachgestellt, sie wurden mit Speeren aus einem Hinterhalt erlegt, in Gruppen umzingelt, in Netze oder Fallgruben getrieben oder mit Feuer gefangen. Eine solche Jagd erforderte vom Jäger eine gute Konstitution und große Fertigkeiten im Spurenlesen. Jemand, der diese Kunst beherrschte, genoss hohes Ansehen. Ähnliche Beobachtungstechniken halfen auch andere Beutetiere aufzuspüren.

In vielen Gebieten verzehrten die Aborigines Dingos und ihre Welpen. Die Hunde wurden, wie Kängurus, in einem Erdofen zubereitet. Im südlichen Australien fing man die Wombats. Zu diesem Zweck schickte man ein Kind mit den Füßen voran in den Bau des Tieres. Wenn das Tier erfühlt wurde, gab das Kind durch laute Rufe und kräftige Klopfzeichen an die Decke des Baus Zeichen, um den Jägern, die über der Erde warteten, die Lage des Wombats zu verraten. An dieser Stelle wurde ein Loch in die Erde getrieben, um das Tier, das nicht mehr entfliehen konnte, herauszuholen.

Entlang der südaustralischen Küste waren Wale und Robben eine besonders wichtige Nahrungsquelle. Ein gestrandeter Wal bot Anlass für ein großes Fest, selbst wenn das Fleisch bereits etwas älter war. Im Allgemeinen waren die Eingeborenen darauf bedacht, kein verdorbenes Fleisch zu essen, doch wenn es um einen Wal ging, waren sie durchaus bereit diese Regel zu ignorieren. Sie blieben dann mehrere Tage lang in der Nähe des Fleischberges, rieben sich von Kopf bis Fuß mit dem für unsere Nasen stinkenden Matsch ein und stopften sich bis zur Erschöpfung mit dem Fleisch voll. Robben wurden auf den Felsen erlegt oder in der Brandung gejagt.

Die Aborigines machten auch Jagd auf fast alle anderen Säugetiere des Kontinents. Bandikuts, Schnabeltiere, Gleithörnchen, Fledermäuse, Wasserratten, selbst kleine Beutelmaulwürfe und Mäuse waren wertvolle Nahrung. Als Kaninchen und Katzen sich in die Wüste hinein ausbreiteten, wurden sie ebenfalls gejagt und viele Völker betrachteten sie nach einiger Zeit als traditionelle Nahrung. Im Northern Territory werden noch heute mitunter Wasserbüffel erlegt, deren Fleisch sehr geschätzt wird, die jedoch selbst mit moderner Ausrüstung keine leichte Beute sind.

Unter den jagdbaren Vögeln waren die Enten für die Aborigines am attraktivsten. Sie wurden gefangen, indem sich ein Jäger, der durch einen Rohrstängel atmete, unter Wasser an sie heranpirschte und sie mit der Hand ergriff. Oder es wurde an einer engen Stelle des Flusses, welche die Enten häufig passierten, ein Netz gespannt und sie alsdann in diese Richtung getrieben. Um zu verhindern, dass sie im entscheidenden Moment über das Netz entkamen, warf man dreieckige Stücke Rinde oder Bumerangs hoch in die Luft und imitierte gleichzeitig den Ruf eines Falken. Die Enten, die um jeden Preis dem angenommenen Feind entkommen wollten, stoben in das Netz und waren gefangen.

Fliegende Vögel wurden mit Bumerangs erlegt oder in Netze getrieben, die zwischen zwei Bäumen aufgespannt waren. Kleinere Exemplare sammelte man von Stangen ein, die vorher mit klebrigem Feigensaft eingeschmiert worden waren und auf die sie sich niedergelassen hatten. Oder man fing sie in einem Gewirr aus klebrigen Kräutern, die vorher ausgelegt wurden. Krähen und Habichte fing ein Jäger mit der Hand, indem er sich auf einem Felsen in der Sonne lang hinstreckte und vorgab zu schlafen, während er in den Händen einen Köder aus Fisch oder Fleisch hielt und nur zuzugreifen brauchte, wenn der Vogel danach schnappte.

Auch Reptilien waren ein wichtiges Nahrungsmittel für die Aborigines, besonders in den Wüstengebieten, wo kleine Dracheneidechsen, Goannas und andere Echsen gejagt wurden. Frauen fingen sie in ihren Verstecken im Gras oder gruben sie aus ihren Höhlen aus. Schlangen wurden im Ganzen gebraten, und wenn Eier gefunden wurden, aß man diese ebenfalls. Selbst Giftschlangen wurden verzehrt, jedoch nur solche, deren Todesursache man kannte, da man glaubte, sie könnten sich selbst beißen, um ihr Fleisch zu vergiften.

In der Nähe der Flüsse wurden Süßwasserschildkröten gefangen, ausgewaschen und mit heißen Steinen gefüllt. Anschließend schmorte das Tier drei bis vier Stunden auf dem Rücken in einem Erdofen, so dass der Panzer wie eine große Schüssel das Fleisch und die Säfte hielt. Die Eier wurden in der heißen Asche zubereitet oder zu mehreren zusammen in ein Stück Rinde geschlagen und auf der Asche zu einer Art Eierkuchen gebacken, der sich einige Tage lang frisch hielt.

Entlang der Küste jagten sie Meeresschildkröten mit Harpunen oder setzten einen Schiffssauger auf sie an. Diesem Fisch wurde eine leichte Leine um die Schwanzflosse gebunden, in der Nähe einer erspähten Beute wurde er ins freie Wasser gesetzt. Sofort saugte er sich am Panzer der Schildkröte fest, die dann vorsichtig herangezogen werden konnte. Zumindest ließen sich die Bewegungen der Beute genau verfolgen. Auch größere Fische und Dugongs wurden auf diese Weise gejagt.

Im nördlichen Australien wurden Krokodile mit Speeren erlegt. Der Forscher Ludwig Leichhardt, der in den vierziger Jahren des 19. Jahrhunderts Australien durchstreifte, fand deren Überreste in vielen Lagern der Aborigines. Größere

Mit dem Köder in der Hand

Exemplare konnten jedoch nur in kleinen Wasser-
löchern erbeutet werden, in denen sie nach
zurückgegangener Flut gefangen waren.

Fische wurden mit Netzen, Speeren oder an Haken gefangen. In der Moreton Bay in Queensland
trieben halb zahme Delphine Schwärme von Fischen den Männern zu, die mit Speeren in der
Brandung warteten. An manchen Küstengebieten
wurden im flachen Wasser zudem geschlossene
Steinwälle errichtet. Mit der Flut schwammen die
Fische über diese Wälle ans Ufer, wo sie bei eintre-
tender Ebbe wie in einem Wehr gefangen waren.
Auch wurden Rinde, Wurzeln oder Blätter bestimmter Bäume und Sträucher, die eine narkotisierende Wirkung besaßen, in Wasserlöcher ge-
worfen, so dass die Fische nach einiger Zeit benommen an die Oberfläche kamen und sich leicht
einsammeln ließen.

Auch Muscheln waren bei den Aborigines sehr
begehrt. Allein im nördlichen Queensland wurden
mehr als 100 verschiedene Arten geerntet. Überreste von Muschelgelagen findet man auf Sanddü-
nen entlang der Küste. Manche solcher Schalen-
haufen erreichen beachtliche Ausmaße: Ein auf der
Milingimbi-Insel in Arnhem Land gefundener
Haufen aus dem fünften Jahrhundert vor unserer
Zeitrechnung hatte eine Höhe von sechs und eine
Breite von 30 Metern.

Insektenschmaus

Eine weitere wichtige Nahrung der Aborigines
waren Insekten. Deren beliebtester Vertreter ist die
Witchetty-Larve. So werden heute alle weißen In-
sektenlarven bezeichnet, doch ursprünglich bezog
sich dieser Ausdruck nur auf die holzbohrende
Raupe einer bestimmten Falterart mit einem hohen Gehalt an Eiweiß und Fett sowie einem nussartigen Geschmack, der von ihrer Nahrungsgrundlage Holz herrührt. Sie kann roh gegessen
werden, ist aber nach dem Grillen über offenem
Feuer besonders delikat. Die größten Larven sind
jene des Riesenholzfalters, des schwersten Falters
der Welt. Die Larven werden mit Haken aus den
Wurzeln von Gummibäumen herausgezogen, wo
sie mehrere Jahre leben. Die Aborigines ließen sich

auch andere Falter gut schmecken. Sie wurden von den Felsen, auf denen sie sich in großen Kolonien sammelten, abgeklopft, anschließend geröstet oder zu einer Paste vermahlen, die sich gut aufbewahren ließ. In den Snowy Mountains, den australischen Alpen, wo jeden Sommer Millionen von Bogong-Faltern in den Höhlen zusammenkommen, trafen sich viele Aborigines zu einem Fest, einer Art Falterschmaus. Von diesen so genannten *Corroborrees* kamen sie meist wohlgenährt und rund zurück.

Eines der bekanntesten *Corroborrees* war das Queenslander Bunya-Bunya-Fest. Die Bunya-Bunya-Bäume trugen jeweils nur in einem bestimmten Gebiet und nur alle drei Jahre Früchte. Zu ebendiesem Zeitpunkt war das Angebot viel zu groß, als dass es von den Bewohnern des jeweiligen Territoriums allein hätte konsumiert werden können. Deshalb kam eine große Zahl von Fremden aus einem Umkreis von bis zu 150 Kilometern zu Besuch in dieses Gebiet, um dort gemeinsam einige Monate der Bunya-Bunya-Saison zu verbringen und so viel zu essen, wie sie nur konnten. Im Norden Queenslands wurden Grüne Baumameisen und deren Puppen gegessen. Diese Ameisen leben in großen Kolonien in Nestern aus Blättern in Büschen und auf Bäumen. Ihre Puppen wurden entweder zu Kugeln gerollt und roh gegessen oder mit Ameisen zusammen zerdrückt und in Wasser ausgespült, das dann getrunken wurde. Die Larven eignen sich außerdem sehr gut als Angelköder und bieten den Vorteil, dass bei ausbleibendem Anglerglück zumindest noch der Köder gegessen werden kann. Grüne Ameisen sind auch als Medizin gegen Erkältungen geeignet – allerdings nicht gerade eine Volkskrankheit in Australien.

Für die Zubereitung von größeren Tieren und Fischen etwa bei Festlichkeiten wird auch heute noch ein Erdofen verwendet. Bei den Bewohnern der Inseln in der Torres Strait an der Nordspitze Queenslands heißt diese Art des Kochens *Kup Maori*. Nachdem eine geeignete Stelle ausgewählt wurde, wird eine eineinhalb Meter breite und 50 Zentimeter tiefe Grube ausgehoben und gleich-

Der Erdofen

mäßig mit einer Schicht etwa faustgroßer Steine ausgelegt. Anschließend wird auf diese Steinschicht ein Haufen Brennholz gestapelt, etwa einen Meter hoch, worauf nochmals einige Steine gelegt werden. Durch das Abbrennen des Holzes werden alle Steine extrem heiß. In der Zwischenzeit wird die zerteilte Beute in Palmblätter eingewickelt, damit das Fleisch nicht auf den Steinen anbrennt und man auch besser damit hantieren kann. Nachdem das Holz niedergebrannt ist, wird die Asche durchgerührt, damit sie sich zwischen und unter die Steine setzt. Auf eine Schicht grüner Äste wird das vorbereitete Fleisch platziert. Das Ganze wird mit einer dicken Lage Bananen-, Feigen- oder anderer Blätter abgedeckt und mit Sand oder Erde zugeschaufelt. In diesem Ofen dünstet das Fleisch, je nach Menge und Größe, etwa vier Stunden lang.

Tiere können jedoch auch im Ganzen in einem solchen Erdofen gedünstet werden. Es gibt Beschreibungen des bizarren Anblicks eines rauchenden Hügels, aus dem zwei große Hinterbeine eines Kängurus an dem einen und zwei Vorderbeine am anderen Ende herausragen. Bei sehr großen Tieren steckt man gewöhnlich noch heiße Steine in das Innere des Körpers, um ein gleichmäßiges Garen zu erreichen. Manchmal konnte es einen ganzen Tag dauern, bis ein solch großes Tier gar war. Ein Vorteil dieser Methode bestand darin, dass auf diese Weise alle Nährstoffe, Säfte und das Aroma erhalten blieben, da die Tiere ja im eigenen Saft schmorten. Kleinere Tiere wie Bandikuts, Opossums oder Schlangen wurden meist auf heißen Kohlen im offenen Feuer zubereitet, Yamswurzeln und ähnliche Gemüse im heißen Sand oder in der heißen Asche.

Fliegende Füchse waren in den Augen der Aborigines eine große Delikatesse. Die Jäger beschmierten ihren Körper mit Schlamm, um so den menschlichen Geruch zu überdecken, und krochen dann in eine Kolonie der Tiere. Dabei führten sie Rindenstücke mit sich, die an lange Stöcke gebunden waren. Nachdem diese angezündet worden waren, brachten der Rauch und die Flammen die Fliegenden Füchse durcheinander und verbrannten ihre Schwingen, wodurch sie zu Boden fielen. Nach der Rückkehr ins Lager wurden die Schwingen ganz abgesengt und die Membran entfernt. Die Tiere wurden dann auf heißen Kohlen im Ganzen gebraten. Es war nicht notwendig, sie auszunehmen, da sie sich ausschließlich von Früchten, Honig und Nektar ernährten.

Die Aborigines scheinen kein Salz für ihre Nahrung verwendet zu haben, obwohl es besonders in den Küstengebieten und an den Rändern der Salzseen im Inneren des Landes reichlich vorhanden war. Ihre große Vorliebe galt süßen Dingen. Aus diesem Grund entwickelten sie einige einfallsreiche Methoden, um Honig aufzuspüren. Der Honig der stachellosen australischen Bienen wurde überall als Delikatesse betrachtet. Eine kleine weiße Feder wurde einer Biene angeklebt, so dass sich deren Weg durch den Wald zum Bienenstock leicht verfolgen ließ. Die Waben mit dem süßen oder säuerlichen Honig wurden mit einer Axt aus dem Stamm herausgehauen. Der Honig wurde mit Wasser verrührt und getrunken. Mitunter wurde die Wabe auch im Ganzen verzehrt, samt Bienen, Wachs und Honig, als so genannte *Sugar bag* oder Zuckertasche. Eine weitere Quelle waren die Honigameisen, die ihren Körper prallvoll mit Nektar auffüllen konnten, der dann ausgesaugt wurde.

Es gab zahlreiche verschiedene Früchte, die als Nahrung Verwendung fanden. Dazu zählten wilder Wein, die Früchte des Hornstrauches, einige wilde Feigenarten, Pflaumen, Beeren wie die einheimische Preiselbeere, die Früchte des Lillipilly, Känguruäpfel, Brotfrüchte, Geebung, Karambola und noch viele andere. Von einigen größeren Pflanzen wie der Fächerpalme, einer Zuckerrohrart, und dem Grasbaum wurden die Schösslinge und jungen Keime verwendet. Die Riesenlilie, eine Wasserpflanze, war sehr begehrt, da alle ihre Teile verwertet werden konnten. Die großen Stängel wurden roh gegessen, die großen gelben Wurzeln auf Kohlen gebacken, die Samen zwischen zwei Steinen zu Mehl gemahlen, das die Aborigines mit Wasser zu

Vorliebe für Süßes

einem Teig vermischten, um daraus in heißer Asche eine Art Buschbrot zu backen. Auch andere Pflanzen wurden zur Herstellung von Mehl verwendet, beispielsweise die Kerne der Nüsse des Palmfarns sowie verschiedene Grassamen.

Das wahrscheinlich wichtigste Gemüse waren die Wurzeln und Wurzelstöcke verschiedener Pflanzen. Viele Yamsarten waren giftig und mussten geschnitten, geschält und über Nacht in fließendem Wasser gebleicht werden, um die gefährlichen Bestandteile auszuwaschen. Die Aborigines testeten unbekannte Yamsarten, indem sie einen Fingernagel in eine frisch ausgegrabene Wurzel drückten und ihn dann gegen die Sonne hielten. Wenn der trocknende Saft ein stumpfes Licht auf dem Nagel reflektierte, war die rohe Wurzel giftig.

In einem so trockenen Kontinent wie Australien waren besondere Fertigkeiten und spezielles Wissen bei der Suche nach Wasser erforderlich. Um ein schlammiges Wasserloch zu säubern, warf man etwas Asche hinein, welche die Schwebstoffe auf den Boden sinken ließ. Oft gruben die Aborigines Brunnen in den ausgetrockneten Betten kleiner Flüsse und in der Nähe alter Sümpfe oder Tiefbrunnen im Sand der Wüste. Doch auch diese führten nicht ständig Wasser und waren außerdem manchmal salzig. Küstenbewohner gruben Brunnen im Sand oberhalb der Flutmarke. Um Regenwasser aufzufangen, band man Rindenstreifen um die Stämme bestimmter Bäume und ließ deren Enden in große Muschelschalen münden, von denen jede etwa einen bis anderthalb Liter fassen konnte.

Frösche als Wasserspender

Umherreisende Aborigines führten Wasser in Behältern aus Känguruhaut mit. Manche Arten von Malleesträuchern und die Wüsteneiche besitzen lange waagerechte Wurzeln, die große Mengen Flüssigkeit speichern konnten. Außerdem gab es in der Wüste ja die kleinen braunen und gelben Frösche *(Cyclorana Platycephalus)*, die mehrere Monate lang in Höhlen tief in der Erde schliefen und in ihrem Körper Wasser speicherten. Nach dem Ausgraben konnten sie wie eine Apfelsine in den Mund ausgepresst werden.

Das Prinzip der Gärung war den Aborigines unbekannt. Trotzdem tranken sie sehr gern auf natürliche Weise zufällig gegorene Getränke. Außerdem kannten sie eine Art Kautabak, der aus den Blättern eines Strauches namens *Duboisia* hergestellt wurde und die erwünschte narkotisierende Wirkung zeigte.

Viele Pioniere beschrieben voller Abneigung den Brauch der Aborigines, sich mit Nahrung voll zu stopfen, solange sie reichlich vorhanden war, anstatt etwas davon für spätere Tage einzulagern. Im Großen und Ganzen dachten sie nur daran, sich satt zu essen, solange Nahrung vorhanden und frisch war. Und wenn es allein nicht zu schaffen war, riefen sie Hilfe herbei, um so in der Gesellschaft anderer den Vorrat gemeinsam vertilgen zu können.

Trotz dieser Gepflogenheit kannten sie durchaus Lager- und Konservierungsmethoden. Manche Völker legten an geeigneten Stellen kleine Lager von Rohstoffen für die Mehlgewinnung an. Die Einwohner der Torres Strait Islands räucherten Fisch, um ihn haltbar zu machen, und konservierten Schildkrötenfleisch, indem sie es scheibenweise in Melonenschalen kochten und an langen Spießen in der Sonne trockneten. In der Nähe des Murray River konservierten die Aborigines Muscheln, indem sie diese lebend im feuchten Sand vergruben, wo sie sich mehrere Wochen lang hielten.

In der Gegenwart wird das traditionelle Leben der Aborigines in vielen Teilen Australiens durch die weiße Besiedelung ernsthaft gestört. Die Jagdgebiete sind auf Nord- und Zentralaustralien beschränkt. Doch selbst dort hat der Einzug europäischer Nahrung Einfluss auf die Essgewohnheiten der ursprünglichen Bewohner. In den Geschäften bekommt man Mehl, Konserven und abgepackte Nahrung sowie Gefrierfleisch, so dass die Aborigines nicht länger auf ihre traditionellen Nahrungsmittel zurückzugreifen brauchen. Trotzdem werden noch große Mengen von Buschkost verzehrt, wenngleich auch die Methoden der Beschaffung sich gewandelt haben.

Traditionelle Konservierung

Ausgeprägtes Wissen um die Dinge der Natur

Um Nahrungsmittel im Busch zu sammeln und zuzubereiten, ist es notwendig, eine geeignete Ausrüstung und praktische Fähigkeiten zu besitzen. In vielen Gebieten haben Wandlungen in der Technologie Geräte hervorgebracht, die einfacher und effizienter sind als traditionelle Jagdwaffen. Das Gewehr ersetzt in großem Umfang den Speer, Fischereinetz und Angel werden anstelle von knöchernen Haken und Netzen aus Pflanzenfasern verwendet. Die Benutzung von Fahrzeugen bedeutet, dass die Menschen nicht mehr weite Strecken zu Fuß bewältigen brauchen. Gute Waffen und Geräte sind jedoch nicht allein entscheidend. Mindestens genauso wichtig ist das Wissen um die jahreszeitlichen Änderungen in der Umwelt und um die Ökologie der Pflanzen und Tiere. Leider ist ein Teil dieses traditionellen Wissensschatzes bereits verloren gegangen. Dennoch gibt es viele Versuche, sich das Wissen und die entsprechenden Fertigkeiten wieder anzueignen. Zu diesem Zweck brauchen die Aborigines Zugang zu geeigneten Gebieten des Landes. Deshalb spielen Landrückgabe an einheimische Volksgruppen und der Zug von Familiengruppen zu kleinen dezentralisierten Gemeinschaften abseits der größeren Siedlungen eine wichtige Rolle bei der Erhaltung des Wissens und der Tradition.

Aufgrund ihrer Vertrautheit mit den Eigenschaften der Pflanzen und den Gewohnheiten der Tiere wissen die Aborigines, welche Vertreter von Flora und Fauna für die Ernährung geeignet sind. Sie wissen, wo und wie Nahrung zu bekommen und wie sie am besten zuzubereiten ist. Außerdem verfügen sie über eine genaue Kenntnis der Jahreszeiten in den jeweiligen Regionen. Im tropischen Norden unterscheiden sie sechs Jahreszeiten, wo ein Europäer nur zwei sieht, nämlich die Regenzeit und die Trockenperiode. Jahreszeiten markieren verschiedene Phasen des Wetters, des Windes, des Regens, der Gezeiten sowie des Kommens und Gehens von bestimmten Tieren und Pflanzen. Das Blühen eines Baumes zeigt an, dass es Zeit ist, Krabben aus ihren Verstecken in den Mangrovensümpfen auszugraben. Wenn eine bestimmte

Aborigines-Frau gräbt mit einer Machete nach Wurzeln und Knollen.

Traditionelles Lager von Aborigines.

Ein Jäger hat ein Känguru erlegt und weidet es aus.

Blume blüht, so warnt sie vor dem Auftauchen gif-
tiger Rochen in den Küstengewässern. Milchig
weiße Austernblumen sind ein Zeichen dafür, sich
auf den Weg zu den Austernbänken zu machen, da
die Austern dann fett und weiß sind und die Zeit
für ihre Ernte herangerückt ist.

Obwohl die Aborigines heute in relativ sesshaf-
ten Gemeinschaften leben, ist die Arbeitsteilung
zwischen Mann und Frau immer noch klar defi-
niert. Während die Männer auf die Jagd nach
großen Land- und Meeressäugern gehen und Fische fangen, sammeln die Frauen Gemüse, Muscheln und Eier und jagen die kleineren Tiere. Die
Kinder begleiten gewöhnlich die Frauen auf ihren
Wegen, die bis zu 80 Prozent der Nahrung besor-
gen. Obwohl diese Aufteilung in den Gemeinschaften in Nord- und Zentralaustralien noch exi-
stiert, hat auch sie durch den Kontakt mit der
Geldwirtschaft und technischen Neuerungen Änderungen erfahren.

Bei den eingeborenen Völkern des Kontinents
ist Nahrung eng mit dem reichen spirituellen Leben verwoben. Aborigines glauben, dass die Menschen, das Land, die Tiere und die Pflanzen Teile
eines großen Systems sind, das von den Traumgeis-
tern ihrer Vorfahren geschaffen wurde. Demnach
entstand auch alle Nahrung auf diese Weise. Einige
Nahrungsmittel sind sogar selbst Geister, die in
eine andere Form geschlüpft sind – zum Beispiel
die Honigameisen. Bestimmte Personen oder
Gruppen verfügen über besondere Verbindungen
mit gewissen Nahrungsmitteln, die deren Totems
darstellen. Diese Personen dürfen dann ihr Totem
nicht töten oder verspeisen, außer bei besonderen
Zeremonien. Bräuche, Regeln und religiöse Gesetze bestimmen die Suche nach Nahrung, das Kochen und Essen. Manche Nahrungsmittel dürfen
zu bestimmten Zeiten des Jahres nicht gegessen
werden, andere nicht von Kindern oder schwange-
ren Frauen. Solche Regeln beruhen möglicherweise darauf, dass die jeweilige Nahrung gefährli-
che Substanzen enthält, oder sie sollen helfen einen
jahreszeitlichen Mangel zu regulieren.

Nahrung und Spiritualität

Das Gebiet, das die Aborigines auch heute noch in großem Maße auf traditionelle Weise nutzen, ist die tropische Küste Nordaustraliens, insbesondere Arnhem Land im Northern Territory und Cape York in Queensland. Dort finden sich Fische und Schalentiere im Überfluss.

Wasser und Feuer zum Leben

Das Zentrum Australiens ist sehr wasserarm. In diesen Regionen fällt Regen nur unzuverlässig und selten. In der Vergangenheit hing das Überleben so vom genauen Wissen über die Wasserlöcher ab, die oftmals durch so genannte Traumpfade verbunden sind, so dass ihre Standorte als Teil der zeremoniellen Gesänge über Generationen hinweg weitergegeben wurden. In der flachen und offenen Landschaft konnte man bereits aus sehr großen Entfernungen die Niederschläge beobachten. So wussten die Menschen, wo in der nächsten Zeit mit Wasser zu rechnen sein würde. Heutzutage werden die Gemeinschaften der Aborigines mit Trinkwasser aus Tiefbrunnen versorgt.

Die Aborigines bearbeiteten bis zu einem gewissen Grad den Boden und kontrollierten auf diese Weise die Quelle ihrer Nahrung, wenn sie auch nicht Landwirtschaft in unserem Sinne betrieben. Die verbreitetste Methode war der Gebrauch des Feuers. Wenn bestimmte Vegetationsbestände nicht regelmäßig niedergebrannt wurden, waren sie nur eine schlechte Nahrungsquelle. Manche Pflanzen, etwa der Palmfarn, tragen nach einem Feuer besonders reiche Früchte. Andere wieder brauchen die Hitze des Feuers zum Keimen. Buschfeuer wurden sehr vorsichtig gelegt, da es galt, nur bestimmte Pflanzenbestände abzubrennen, andere dagegen zu schonen. Beim Entzünden eines Feuers achteten die Aborigines außerdem auf die Jahreszeit, die Wetterbedingungen und auf andere Faktoren, die das Ausmaß des Brandes beeinflussen konnten. So bevorzugte man kleinere Flächen mit klarer Abgrenzung. Durch das Feuer wurde auch das Nachwachsen junger Pflanzen stimuliert, die wiederum Kängurus und andere Beutetiere anlockten.

Obwohl die Aborigines heute Streichhölzer verwenden, ist die Fertigkeit, Feuer mit Hilfe zweier *Ji-*

mal genannter Stöcke zu entzünden, nicht verloren gegangen. Keineswegs jedes gewöhnliche Holz eignet sich dafür. Die Aborigines verwenden Holz vom Durral-Baum. Ein waagerecht liegender Stock wird mit einem flachen Loch und dieses mit einer nach außen gehenden Kerbe versehen, ein senkrechter Stock an einem Ende abgerundet, damit in das Loch gesetzt und zwischen beiden Handflächen schnell hin- und hergedreht, wie ein Quirl, wobei noch dazu starker Druck nach unten ausgeübt wird. Die durch Reibung und Hitze entstehende glimmende Asche fällt über die Kerbe auf ein Kissen aus feinem trockenen Gras, das sich nach vorsichtigem Fächeln entzündet. Ein geübter Jäger benötigt dazu eine halbe Minute.

Die Waffe, die stets mit den Aborigines in Verbindung gebracht wird, ist der Bumerang. Er war früher auch in Ägypten, bei den Hopi-Indianern in Arizona und bei afrikanischen Stämmen in Gebrauch. Es gibt verschiedene Arten von Bumerangs, die jeweils für bestimmte Zwecke geeignet sind. Die bekannteste Art dürfte der wiederkehrende Bumerang sein. Der wiederkehrende Bumerang war auch bei den Aborigines überwiegend zum Spiel im Gebrauch, weniger für die Jagd. Lediglich bei der Entenjagd spielte er mitunter eine Rolle. Für die Jagd wurde der nicht wiederkehrende so genannte Killerbumerang verwendet. Dieses schwere Wurfholz verwundete die Beute, brachte sie zum Sturz, einen Vogel entsprechend zum Absturz, und hinderte sie am Entkommen. Andere Bumerangs wiederum dienten als Kampfhölzer im Zweikampf. Zur Herstellung wurden vorzugsweise Baumwurzeln ausgewählt, die bereits die gewünschte Biegung aufwiesen, wodurch die fertige Waffe wegen der durchgehenden Fasern eine besondere Festigkeit bekam. Die häufigste Waffe war der Speer, mit einer Spitze aus Hartholz, meist aus Eisenholz oder der schwarzen Palme, und einem Schaft aus weichem Holz. Ein fertiger Speer wurde vor dem Gebrauch außerdem noch mit Goannafett oder Schildkrötenöl eingerieben, um das Holz zu konservieren. Früher war die Ver-

Der Bumerang

wendung des Speers eine ehrenwerte Form zur Beilegung von Streitigkeiten und zum Ausfechten von Zweikämpfen. Es kam jedoch sehr selten vor, dass in einem solchen Kampf ein Kontrahent ernsthaft verwundet oder getötet wurde. Gewöhnlich genügte es, dass ein Teilnehmer wegen einer Wunde oder Erschöpfung zu Boden ging, um die Schuld als gesühnt und den Kampf als beendet zu betrachten. Später wurde das Tragen des Speers in der Nähe von Siedlungen verboten und im Laufe der Zeit traten Gewehre an seine Stelle. Eine andere, auch heute noch verbreitete Waffe ist der Fischspeer, der im Unterschied zum Jagdspeer nicht nur eine Spitze, sondern ein Bündel aus mehreren Metallspitzen besitzt.

Folgen der Kolonialisierung

Seit der Ankunft der Europäer hat sich die Gesundheit der Aborigines drastisch verschlechtert. Eine Ernährung, die aus viel Mehl, Zucker und Tee bestand, trug zu Unterernährung, Wachstumsstörungen, Diabetes und verringerter Widerstandsfähigkeit gegenüber Infektionskrankheiten bei. Andere Faktoren wie zunehmend sitzende Lebensweise und mangelhafte hygienische Verhältnisse unterhöhlten ebenfalls die Gesundheit der Aborigines. Um diesen Problemen zu begegnen, wurden Programme ausgearbeitet, die ihnen wieder einen größeren Zugang zu traditioneller Nahrung ermöglichen sollen. In diesem Zusammenhang wurden Nahrungsmittel aus dem Busch an den Universitäten in Sydney und Perth auf ihren Nährstoffgehalt hin analysiert – mit einigen überraschenden Ergebnissen. Grassamen haben einen viel höheren Gehalt an Eiweiß und Fett als normale Getreidepflanzen wie Weizen und Reis. Viele Wildfrüchte besitzen ebenfalls überraschend viel Eiweiß und sind reich an Fetten und Kohlehydraten, verglichen mit Äpfeln, Birnen und Steinobst. Vitamin C wurde in den wilden Wüstenorangen in sehr hohen Mengen gefunden, ebenfalls in einigen Yamsarten.

Die Aborigines genossen eine abwechslungsreiche Ernährung auf der Grundlage einfacher Zubereitung. Ihr Leben war unkompliziert, die meiste

Zeit mit Nahrung im Überfluss. Oftmals werden sie als primitive Nomaden gesehen, die an der Schwelle des Hungers lebten. Wenn überhaupt, dann trifft diese Feststellung nur auf das 20. Jahrhundert zu, nachdem Flora und Fauna durch die weiße Besiedelung schon stark in Mitleidenschaft gezogen wurden. Vorher lebten die Aborigines mit ihrem Wissen von der Natur und nutzten das Land ohne es auszubeuten oder zu zerstören. In Zeiten knapper Ressourcen und der Zerstörung der Umwelt kann man von Menschen lernen, die über Jahrtausende hinweg in Harmonie mit dem Land lebten, das sie ernährte.

Es gibt in letzter Zeit Pläne, australische Lebensmittel anzubauen und sie über Restaurants und Geschäfte zu vermarkten. Die Verwendung dieser Buschkost wird bestimmt durch das Wissen, über das die Aborigines verfügten und immer noch verfügen. Eine kommerzielle Verwendung könnte außerdem zu einer Stärkung der ökonomischen Selbständigkeit der Ureinwohner Australiens führen.

Europäische
Besiedelung

Erst im 16. und 17. Jahrhundert erforschten portugiesische, spanische und holländische Entdecker
Teile der Küste, ohne zu versuchen das Land zur
Besiedelung in Besitz zu nehmen. Im Jahre 1770
kartografierte Kapitän James Cook den größten
Teil der östlichen Küste und erhob im Namen der
englischen Krone Anspruch auf diesen Teil des
Kontinents. Der Verlust der Kolonien in Amerika
im Zuge der amerikanischen Unabhängigkeitser-
klärung 1772 zwang Großbritannien sich nach
neuem Land für die Ansiedlung von Sträflingen
umzusehen. 1787 wurde eine Flotte aus elf Schiffen
ausgesandt, um die neue Kolonie New South Wales
zu errichten. Diese Erste Flotte markierte den Beginn der europäischen Besiedelung. Von den
80.000 Menschen, die in den folgenden 40 Jahren
ankamen, waren jedoch lediglich 18 Prozent freie
Siedler. Alle anderen waren Strafgefangene oder
Militärangehörige.

Werbung um Einwanderer

Für die Landwirtschaft sowie für die Wollindus-
trie, die sich ab 1830 entwickelte, wurden immer
mehr Arbeitskräfte benötigt. Deshalb wurden ab
1835 Subventionen an Unternehmer gezahlt, die
freie Einwanderer anwarben und ins Land lockten.
1841 betrug die aus Europa eingewanderte Bevölkerung in ganz Australien 135.000 Personen. Um
diese Zeit herum kamen auch die ersten nicht-britischen Siedler. Von 1838 an erhielten beispielsweise deutsche Auswanderer Land in Südaustralien und ließen sich dort nieder. Die Entdeckung
von Gold in Ostaustralien um 1850 zog eine große
Anzahl Abenteurer an. Es war nicht länger erforderlich, Strafgefangene als Arbeitskräfte nach Australien zu deportieren, so dass jene Transporte
1867 gänzlich eingestellt wurden. Viele der 160.000
Personen, die als Gefangene gekommen waren,
blieben nach Ablauf ihrer Strafe im Land. Gegen
Ende des 19. Jahrhunderts lebten 3,8 Millionen
Menschen in Australien, die hauptsächlich briti-

scher und zu einem Viertel irischer Herkunft waren. Zur Zeit der Gründung des Commonwealth of Australia aus sechs einzelnen Kolonien im Jahre 1901 erschien es notwendig, eine nationale Einwanderungspolitik auszuarbeiten, die in einem *Immigration Law* ihren Ausdruck fand. Durch dieses Gesetz wurde das Recht der Einwanderung auf Weiße beschränkt, es begründete die rassistisch diskriminierende *White Australia Policy*, die bis 1972 ohne prinzipielle Änderungen gültig war. In den sechziger Jahren machte man einige wenige Ausnahmen und erlaubte einer begrenzten Anzahl indischer Akademiker die Einwanderung.

Der Anteil der nicht-britischen Einwanderer war also recht gering. Es gab kleinere ethnische Enklaven in manchen Teilen Australiens, von denen die Region mit deutschen Siedlern am bekanntesten sein dürfte. Kleinbauern und Winzer hatten sich im Barossatal in Südaustralien niedergelassen. Doch das waren isolierte Flecken, in denen man überwiegend für sich selbst lebte. Zwar waren die deutschen Würstchen von den Fleischern des Barossatales örtlich sehr bekannt, doch hatten sie nur wenig Einfluss auf die angelsächsische Welt im übrigen Kontinent. Alle anderen Nationen kamen und gingen in jenen frühen Jahren ohne außerordentliche Spuren zu hinterlassen.

Die Immigration nach dem Zweiten Weltkrieg hatte nachhaltigeren Einfluss auf den Ernährungsstil und die Vielfalt der Gaumenfreuden. Briten blieben zwar weiterhin die stärkste Gruppe unter den Einwanderern, doch ihre relative Mehrheit schmolz im Laufe der Zeit von knapp 50 Prozent aller Einwanderer in den fünfziger Jahren auf rund 25 Prozent in den achtziger Jahren. Unter den nicht-britischen Einwanderern dominierten nach dem Krieg die Italiener, gefolgt von Deutschen, Griechen, Polen und Jugoslawen.

Obwohl besonders die Einwanderer aus Südeuropa oftmals eigene Gemeinschaften in der australischen Gesellschaft bildeten, waren sie über viele große und kleine Städte verstreut, wodurch sie ihre eigenen, in vielen Fällen den Australiern fremden

Deutsche Würstchen

Lebensmittel bekannter machten. Für diese Immigranten war es damals sehr schwer, in Australien Fuß zu fassen. Sie kamen in einer Zeit der Wohnungsknappheit und mussten entweder erkleckliche Bestechungsgelder zahlen oder wurden in speziellen Herbergen für Einwanderer untergebracht. Dort wurden sie von demobilisierten Armeeköchen bekocht. Die Verpflegung bestand überwiegend aus Hammel, Mehl, Brot, Tee und Kartoffeln. Die Strafgefangenen hatten solche Rationen erhalten, ebenso Viehtreiber, Schafscherer und Plantagenarbeiter in Papua und Neuguinea, warum sollte man also nicht auch die europäischen Einwanderer damit beglücken? Und um ihnen zu zeigen, dass man etwas von der Sache verstand, wurden die Rationen für sie auch genauso gekocht – Hammelfleisch in Fett schwimmend, Weißbrot ohne jeglichen Geschmack und Käse, den man als solchen nicht erkannte. Wer Olivenöl brauchte, bekam es in der Drogerie. Den unerfüllten Bedürfnissen versuchte man zuerst mit groß angelegtem Würstchenschmuggel zu begegnen. Später ging man dazu über, diese im Lande selbst zu produzieren. Cafés und Restaurants wurden vor allem in der Nähe jener Herbergen eröffnet.

Für die Fischindustrie waren die Einwanderer aus Europa ein Segen. Sie übernahmen nicht nur solche Standardfische wie Red Snapper, Barsch und Hecht sowie Haifisch, sondern verwendeten auch Arten, die von den Angelsachsen höchstens als Köder angesehen wurden. Thunfisch, den es vorher nur als Konserve gab, kam frisch in die Läden. Muscheln und andere Schalentiere, die es bisher lediglich pikant eingelegt oder als Köder gab, wurden buchstäblich über Nacht ein akzeptables Gericht. Der größte Erfolg wurde mit Kalmar und Tintenfisch erzielt. Während die Australier beides immer noch selten für zu Hause kaufen, sind es doch gängige Gerichte in den vielen griechischen und italienischen Restaurants.

Ein Brauch, von dem die europäischen Einwanderer tief geschockt waren, war die »Sechs-Uhr-Spülung« der Kehle, jene Stunde verzweifelten

Trinkens jeden Abend, bevor die Hotels und Restaurants mit dem 18-Uhr-Gongschlag ihren Ausschank einstellten. Es war nicht zuletzt dem Druck der Immigranten nach zivilisierteren Ausschankzeiten zu verdanken, dass die entsprechenden Gesetze zuerst 1954 in New South Wales und dann auch in den anderen Staaten gemildert wurden.

Europäische Einwanderer, die in irgendeiner Form ein Geschäft in der Lebensmittelbranche hatten – einen Feinkostladen, eine Bäckerei oder ein Restaurant –, bekamen die enge Auslegung der australischen Gesundheitsgesetze zu spüren. Es war unmöglich, auf dem Bürgersteig ein Straßencafé oder Straßenrestaurant einzurichten, wegen des Risikos einer Verschmutzung des Essens. Außerdem könnten Passanten es anstößig finden, jemanden außerhalb der eigenen vier Wände Wein trinken zu sehen. Italienische Pizzabäcker und libanesische Konditoren mussten feststellen, dass traditionelle Backöfen mit Holzfeuerung nicht zugelassen waren. Europäischen Bäckern war es verboten, Backwaren aus ihren Räumlichkeiten heraus direkt an die Kundschaft zu verkaufen. Die Hersteller von Pickles und Sauerkraut wurden gezwungen, chemische Konservierungsstoffe zu verwenden, um eine Allgemeinheit zu schützen, die diese Dinge sowieso nicht kaufen wollte. In Melbourne gelang es einmal eine Zeit lang, über den Verkauf von lebenden Lobstern einen Bann zu verhängen, weil dies die Leute angeblich aufregte. Karpfen konnten nicht in Tanks gehalten und lebend verkauft werden, da dies »ungesund« war. Der Verkauf von frischem Fleisch und Wurstwaren aus ein und demselben Geschäft war vorübergehend verboten, weil das Frischfleisch eventuell irgendwie die Wurstwaren verderben könne. Es gab Regeln dafür, was an Samstagen verkauft werden durfte und was nicht, Regeln über das Backverbot an Wochenenden, Regeln für Würstchen, die keine waren, wenn sie aus Fleisch bestanden, und so weiter. In der Anfangszeit halfen sich die Betroffenen mit Bestechung über die Probleme hinweg. Doch zu Beginn der achtziger Jahre gaben die meisten

Die »Sechs-Uhr-Spülung«

Gesundheitsbeamten ihren Widerstand mehr oder weniger freiwillig auf und meinten mit einem großen kollektiven Seufzer, dass die Einwanderer es dann eben so halten sollten, wie sie wollten, wenn es denn unbedingt sein musste.

Eine weitere Veränderung brachte die Zunahme von Einwanderern aus dem asiatischen Raum in neuerer Zeit. Der Anteil der Asiaten unter den Einwanderern lag 1974 bei zehn Prozent, stieg bis 1984 auf 40 und lag 1991 bei 42 Prozent.

Asiatische Immigranten

Die Einwanderung, in erster Linie aus China, reicht – von den Vorfahren der Aborigines abgesehen – zurück bis zum Anfang der vierziger Jahre des 19. Jahrhunderts. Damals wurde der Transport von Sträflingen nach Ostaustralien eingestellt, was kurzfristig zu einer Knappheit an Arbeitskräften führte. Um diese Lage auszugleichen, begaben sich Grundbesitzer auf die Suche nach billigen Arbeitskräften und importierten Kulis aus der südchinesischen Provinz Guangdong. Diese Maßnahmen fielen zufällig mit der Entdeckung von Gold zusammen, und schon bald verließen die Chinesen ihre Arbeit auf dem Lande und waren ebenso eifrige Goldsucher wie die Australier. Die Angelsachsen betrachteten das Gold aber als ihr Eigentum, was zu schweren Zwischenfällen auf den Claims führte. Chinesen arbeiteten außerdem als Köche auf Farmen und in Hotels auf dem Lande. Noch im Nachhinein wurden in der australischen Presse Ressentiments gegen die Chinesen gepflegt, die ein düsteres Bild von einer finsteren Chinatown mit Spielhöllen, weißer Sklaverei und Opiumrauchen zeichnete und ihre Essgewohnheiten beschimpfte. Jene Chinesen, die trotz dieser Verfolgung blieben, wandten sich meist der Möbeltischlerei zu oder wurden als Gemüsebauern erfolgreich, da anscheinend sie allein die Geduld aufbrachten, mit den schwierigen Anbaubedingungen fertig zu werden. Viele Australier in den ländlichen Gegenden hätten kaum Grüngemüse gehabt, wären nicht ebenjene reisenden chinesischen Händler gewesen. Diese waren auch für ihre kleinen Geschenke zur Weihnachtszeit an ihre Kunden bekannt, namentlich

Ingwer in Sirup und kandierter Ingwer. Letzterer setzte sich schnell im australischen Gedächtnis fest, auch heute noch ist er vor den Feiertagen ein fester Posten auf dem Einkaufszettel.

Kaum waren viele Chinesen wieder in ihre Heimat zurückgekehrt, als die Australier plötzlich deren exotische Kochkunst entdecken wollten. Chinesische *Take-aways* erlebten einen Boom und in allen Vororten wuchsen Bambuspaläste, Rote Drachenrestaurants und Goldene Kaiserinnen empor. Es wurde Mode, in der Dixon Street in Sydney zu flanieren, wo sich schon seit der Anfangszeit der Einwanderung ein chinesisches Geschäftszentrum herausgebildet hatte. Das Viertel um die Dixon Street wurde so populär, dass 1978 die Straßen für den Verkehr geschlossen und dekorative Stadttore errichtet wurden. Im Zuge der Zweihundertjahrfeiern Australiens 1988 wurde zudem ein chinesischer Garten errichtet, der größte außerhalb Chinas.

Die meisten chinesischen Lokale boten bis in die fünfziger Jahre hinein eine abgewandelte Küche, die darauf abzielte, die weißen Australier zufrieden zu stellen und deren Vorstellungen von chinesischen Gerichten zu bedienen. Natürlich gab es auch eine Hand voll spezialisierter Restaurants, die für gehobene Ansprüche und für die chinesische Gemeinschaft selbst eine echte chinesische Küche boten.

Eine zweite Gruppe Einwanderer aus Asien sind Vietnamesen, die vor allem seit Beginn der achtziger Jahre nach Australien kamen und sich ebenfalls in ethnischen Gemeinschaften konzentrierten. Die vietnamesischen Zentren versorgen hauptsächlich die eigenen Landsleute, so in der Victoria Street in Richmond, Melbourne, wo man kaum weiße Gesichter sieht und die meisten Schilder auf Vietnamesisch geschrieben sind.

Die Einwanderung trug dazu bei, dass drei Fleischmahlzeiten am Tag heute nicht mehr unbedingt Standard sind. Nicht nur Restaurants wurden von den Einwanderern eröffnet, sondern die gesamte Nahrungsmittelbranche wurde von ihnen geprägt, durch Anbau von Gemüse, Kultivierung

Probleme bei der Immigration

von Obstplantagen und Weinbergen, im Einzelhandel mit Gemüsegeschäften und Feinkostläden, in der Herstellung sowie im Import.

Die Einwanderung nach dem Krieg hat Australien in stärkerem Maße verändert als alle vorangegangenen Wellen. Erstmals brachten Menschen Sitten, Gebräuche und Wertevorstellungen mit, die den noch stark in britischer Tradition verhafteten Australiern ungewohnt und fremdartig waren. Alteingesessene Australier standen diesen Veränderungen nicht immer positiv gegenüber. Während die europäischen Immigranten akzeptiert wurden und sich reibungslos in das australische Leben einpassten, erhob sich gegen die Asiaten deutlicher Widerstand. Dieser drückte sich aus in »Asians go home«-Graffiti auf Wänden, in Belästigungen und Beleidigungen. Da die zahlenmäßige Einwanderung aus Asien jedoch insgesamt relativ gering ist, können alle Befürchtungen einer »Überfremdung« nicht recht greifen. Außerdem trifft das Bild einer multikulturellen Gesellschaft, zu der sich Australien offiziell bekennt, auf eine weit größere Akzeptanz als solche Vorbehalte. Australien sieht sich in den letzten Jahren zunehmend als ein Teil des Asiatisch-Pazifischen Raumes und weniger als ein Anhängsel Europas und verlagert auch die Wirtschaftstätigkeit immer mehr in Richtung Asien.

Was die Zusammensetzung der Bevölkerung angeht, so sind nach Zahlen aus dem Jahre 1988, deren Größenordnung noch Gültigkeit besitzen dürfte, 93 Prozent der Einwohner Nachfahren von Einwanderern aus Europa oder wurden – ein Fünftel – selbst noch in der Alten Welt geboren. Etwa 44 Prozent der Australier sind englischer, 17 Prozent irischer und zwölf Prozent schottischer Abstammung. Es folgen Deutsche und Italiener mit jeweils rund vier Prozent. Die Ureinwohner Australiens, die Aborigines, sind mit etwa drei Prozent vertreten. Der Rest verteilt sich auf weitere europäische und asiatische Herkunftsländer, zum Beispiel Griechenland, die Niederlande und China.

Essgewohnheiten früher und heute

Das Frühstück war in den ersten vier Jahrzehnten des letzten Jahrhunderts eine herzhafte und reichhaltige Mahlzeit, bestehend aus Porridge, einem Haferbrei, oder Müsli, stets mit Milch und Zucker. Danach folgten ein Gericht mit Speck und Eiern sowie ein gegrilltes oder gebratenes Kotelett, Steak oder Würstchen, Tomaten und Speck. Wie auch heute noch war die australische Fleischpastete ein beliebtes Lunchgericht, das man an kleinen Imbissständen bekam. Sonntags gab es zu Mittag einen Braten und nachmittags zum *High tea* kaltes Fleisch, Salate, Brötchen, Kuchen, ein Dessert, Käse, Obst und anderes. Für die meisten Familien war das Abendessen die Hauptmahlzeit des Tages, oft aus drei Gängen bestehend, mit Suppe, einem Hauptgericht mit Fleisch, Kartoffeln, mindestens zwei verschiedenen Gemüsen und den traditionellen Saucen, wie beispielsweise Pfefferminzsauce zu gebratenem Lamm, Meerrettichsauce und vielleicht Yorkshire-Pudding mit gebratenem Rindfleisch. Dem folgten als Dessert etwa ein gedämpfter Pudding mit Milchsauce oder ein Müsligericht. Obstsalat mit Vanillesauce und Sahne oder eine Pavlova mit Schlagsahne und Passionsfrüchten oder einer anderen Fruchtfüllung waren beliebte Desserts für besondere Gelegenheiten. Tee war das verbreitetste alkoholfreie Getränk bei allen Mahlzeiten, da es bei jedem Wetter den Durst stillte und der Kaffee zu Hause wie auch in einer Gaststätte kaum zu genießen war. Das Abendessen hieß meistens *Tea* oder auch Dinner.

Restaurantbesuche waren weniger üblich als heute und meistenteils familiären Feierlichkeiten vorbehalten. Die Restaurants der großen Hotels boten sowohl traditionelle britische Kost als auch so genannte Continental-Gerichte, meist französische Küche. Außerdem konnte man in Lokalen mit und ohne Ausschanklizenz speisen. Am häufigsten vertreten waren italienische Restaurants.

Sonntagsbraten

Einen Einschnitt bedeutete die Große Depression in den dreißiger Jahren. Viele Familien kämpften ums Überleben. Farmer zogen auf der Suche nach Arbeit in die Städte. In Zeitungen und Zeitschriften liefen Wettbewerbe, wie man eine Familie mit dem geringsten Haushaltsgeld am besten versorgen kann. Es war eine Zeit der Sparsamkeit für jedermann, die in die Periode der Nahrungsmittelgutscheine während des Zweiten Weltkrieges mündete. Die Gründe für diese Rationierung bestanden einerseits in der Notwendigkeit, zusätzlich zu den eigenen verstärkten Streitkräften auch noch amerikanische Truppen zu versorgen, die in Australien und auf pazifischen Inseln stationiert waren. Zudem musste das Mutterland Großbritannien, dessen Versorgung aus den USA unterbrochen war, mit Lebensmitteln beliefert werden, vor allem mit Fleisch und Butter. So wurden Rindfleisch, Butter, Tee und Zucker rationiert; auch bei grünen Gemüsen, Kartoffeln und Reis traten Engpässe auf. Reis zum Beispiel wurde bis in die fünfziger Jahre hinein nur noch an asiatische Einwohner Australiens verkauft.

Nach dem Krieg, gegen Ende der vierziger und in den fünfziger Jahren, kehrte Australien wieder zum normalen Leben zurück. Eis wurde immer noch regelmäßig in Blöcken angeliefert und der Fleischer, der Bäcker und der Butter-und-Eier-Mann riefen von Pferdekarren ihre Waren aus. Dies waren auch die Jahre, als *Vegemite* seinen Siegeszug durch die australischen Haushalte antrat, ein cremiger und konzentrierter dunkelbrauner Brotaufstrich mit salzigem Geschmack, den es seit 1923 gab und der aus Heferückständen der Bierbrauerei hergestellt wird.

Heutige Essgewohnheiten

So wie auf den anderen Kontinenten veränderten sich auch in Australien die Essgewohnheiten im Zuge einer veränderten Lebensweise in den letzten Jahren. So wird mehr und mehr auf Fertigmahlzeiten zurückgegriffen. Es gibt viele Arten von Tiefkühlgerichten und Menüs für die Mikrowelle; auch die gängigen Take-away-Gerichte sind weit verbreitet.

Das Frühstück ist heute kaum noch als Mahlzeit zu bezeichnen, da es zwischen Tür und Angel eingenommen wird, bevor man zur Arbeit oder in die Schule hastet. Anstelle eines Lunchpaketes bekommen die Kinder etwas Geld in die Hand gedrückt, um sich am Imbissstand oder in der Milchbar ein Mittagsbrot zu kaufen. Der Rhythmus des Lebens ist auch in Australien schneller und gewiss nicht gesünder geworden.

Heutzutage bieten die Lebensmittelmärkte eine große Auswahl internationaler Leckerbissen an. Die neuen Essgewohnheiten sind ein Spiegelbild der multikulturellen australischen Gesellschaft. Zwar gingen entscheidende Impulse für eine veränderte Ernährung von der Einwanderung seit Beginn der fünfziger Jahre aus, doch lässt sich die Bereicherung der Esskultur nicht allein auf diesen Einfluss zurückführen.

Das *Dining out* gewinnt bei den Australiern immer mehr an Beliebtheit. Ein seit jeher bevorzugter Treffpunkt ist der Pub, der meist zu einem Hotel gehört und in den man nach Feierabend noch gern einen Abstecher macht. Ein besonderer Anlass ist nicht notwendig oder lässt sich leicht finden. Bei solchen Treffen am Tresen werden Runden ausgegeben, zu denen jeder einmal einlädt. Es ist üblich, sofort zu bezahlen, wenn serviert wird. In der Lounge Bar eines solchen gemütlichen Pubs bekommt man ein *Countermeal*, so genannt, weil man es sich nach Aufruf der eigenen Nummer an der Theke abholt. Abgesehen von den Pubs findet man in den Städten auch viele Cafés, in denen man einen Imbiss oder ein einfaches und preiswertes Gericht erhält. Eine Stufe höher sind die Bistros angesiedelt, mit etwas längeren Speisekarten, flinker Bedienung und immer noch annehmbaren Preisen. Eine Brasserie dagegen ist größer und anspruchsvoller, hat bis in die Nacht hinein geöffnet und den ganzen Tag über die volle Speisekarte im Angebot. In gediegener Umgebung und geräuschvoller, geschäftiger Atmosphäre kann man aus einer reichhaltigen Karte vor allem Grillgerichte und Fischgerichte bei mittlerer Preislage wählen.

Dining out

Bier

Die Australier genießen nach wie vor den Ruf, zu den größten Biertrinkern der Welt zu gehören. Während das Land in den siebziger Jahren mit einem Pro-Kopf-Konsum von 142 Litern jährlich auf dem dritten Rang hinter der BRD und Belgien lag, ist es inzwischen mit 113 Litern auf den neunten Platz unter den Bier trinkenden Nationen zurückgefallen. Immer noch gilt aber der kräftige und würzige australische *Amber nectar* (Bernsteinnektar) als Nationalgetränk, der am liebsten eiskalt getrunken wird. Die Zeiten der strengen Regelungen des Alkoholausschankes sind zwar vorüber, doch hat sich manches bis in die Gegenwart retten können. So gibt es in den verschiedenen Teilen des Kontinents noch immer unterschiedliche Festlegungen der Öffnungszeiten für konzessionierte Hotelbars, Bars, Bistros, Weinlokale und Clubs. In den meisten Staaten sind sonntags die Hotels entweder nur zu bestimmten Zeiten oder gar nicht geöffnet. Anderswo dürfen die Hotels nur jenen Gästen Alkohol servieren, die eine gesetzlich vorgeschriebene Mindestentfernung von ihrer Wohnung nachweisen können. Viele Hundert kleine Hotels in Städten auf dem Lande leben nur noch vom Getränkeausschank und überlassen das Beherbergungsgeschäft inzwischen den Motels.

Der Verkauf von Alkoholika für daheim ist überall anders geregelt. Meist jedoch bekommt man sie aus Lizenzgründen nur im so genannten *Bottleshop*, der oft ebenfalls zu einem Hotel gehört. In Supermärkten und Lebensmittelläden werden weder Bier noch Wein angeboten. Für Restaurants ist es eine komplizierte und kostspielige Angelegenheit, eine Ausschanklizenz zu bekommen. Die praktische Lösung vieler Gaststätten lautet deshalb *BYO, Bring Your Own:* Die Gäste können sich ihre Flasche Wein oder ihr Bier aus dem *Bottleshop* nebenan selbst mitbringen und sie gegen ein kleines Korkengeld zum Essen trinken.

Jeder Australier hat seine eigene Bierphilosophie, wobei die Wahl der Marke stark durch Lokalpatriotismus und Traditionen beeinflusst wird. In New South Wales zum Beispiel trinkt man über-

wiegend *Reschs* und *Toohey's*, in Queensland ist es
die Biersorte *XXXX (Four X)*, in Victoria schwört
man auf *Fosters* und *Victoria Bitter*, in South Australia heißen die Hausmarken *Cooper's* und *West
End*, in West Australia ist es die Sorte *Swan* und in
Tasmanien *Cascade*. Doch nicht nur die Biersor-
ten, auch die Glasgrößen im Ausschank unterscheiden sich erheblich. In New South Wales und
West Australia ist ein kleines Bier von 285 Milli-
litern ein *Middy*. Das gleiche Glas kann in New
South Wales auch *Pony* heißen, während es in Victoria und Queensland ein *Pot* ist, der wiederum in
West Australia doppelt so groß ist. In South Australia heißt das gleiche kleine Bier *Schooner*, was in
New South Wales hingegen ein knapper halber Liter ist.

In den letzten Jahren hat der Konsum von Wein
stark zugenommen. Wein gilt immer mehr als pas-
sendes Getränk für alle Gelegenheiten, sei es für einen Besuch bei Freunden oder in gemütlicher
Runde in Bar, Bistro, Brasserie oder Restaurant. Im
Jahre 1788 wurde mit Reben aus Südafrika und
Brasilien im Garten des britischen Gouverneurs in
Sydney der erste Weinberg angelegt. Etwa 40 Jahre
später, um 1830, wurden auf Anordnung der britischen Regierung im Hunter Valley nördlich von
Sydney Weinstöcke gepflanzt. Zur gleichen Zeit begannen Siedler in der Gegend um Adelaide in
South Australia mit dem Weinbau, nicht viel später
auch in Melbourne und Perth. Ab 1850 pflanzten
deutsche Familien, die aus Schlesien eingewandert
waren, im Barossatal ihren Wein an.

Australiens Weinproduktion betrug 1992 etwa
3,5 Millionen Hektoliter und entsprach damit
rund einem Viertel der deutschen Weinmenge des-
selben Jahres. Der größte Teil des australischen
Weins wird im eigenen Land getrunken, etwa 25
Prozent werden exportiert. Rund zwei Drittel der
australischen Produktion bestehen aus Weißwei-
nen, ein Drittel aus Rotweinen. Beide sind wegen
ihrer ausgezeichneten Qualität gleichermaßen
hoch geschätzt. Fast 90 Prozent des Weins wachsen
im Süden Australiens, und zwar in den Bundes-

Wein

staaten South Australia und Victoria, die auf der
Höhe der besten Weinbaugebiete Chiles und Süd-
afrikas liegen, mit durchschnittlichen Sommer-
temperaturen zwischen 19 und 21 Grad Celsius.
Die Trockenheit war schon immer das größte Problem für den australischen Weinbau: Im Sommer
fällt oft monatelang kein Niederschlag, weswegen
es fast überall notwendig ist, die Weinstöcke künstlich zu bewässern.

Die Weißweine sind meist körperreich und voll-
mundig, sie weisen ausgeprägte Fruchtaromen auf.
Chardonnay, Sauvignon Blanc und Semillon erge-
ben die hochwertigsten Weißweine in Australien;
auch Riesling wird verstärkt angebaut. Die Weine
sind meist aus reinen Sorten oder zumindest zu 80
Prozent reinsortig. Ein großer Teil reift in frischen
Eichenfässern. Die Rotweine sind ebenfalls von
kräftigem Körper, mittelschwer, weich und harmo-
nisch. Die häufigste rote Sorte ist die Syrah, in Australien Shiraz genannt, die etwa ein Viertel des roten Rebenbestandes ausmacht. Ebenfalls angebaut
werden Cabernet Sauvignon, Pinot Noir und Mer-
lot. Fast alle Weingüter, deren Größe zwischen fünf
und 1.000 Hektar beträgt, sind für Besucher offen
und bieten ihre Weine zur Verkostung an.

Das rund 60 Kilometer nordöstlich von Adelaide
in South Australia gelegene malerische Barossatal
hat sich zu einem der Hauptanbaugebiete des Kontinents entwickelt. Von hier kommen sehr gute
Rieslinge und feinste Rotweine. Das bekannteste
Anbaugebiet in New South Wales, das Hunter Valley, befindet sich etwa 160 Kilometer nördlich von
Sydney; bereits seit 1823 wird dort Wein angebaut.
Rund ein Fünftel der gesamten Weinmenge Australiens kommt aus dem heißen und trockenen
Murrumbidgee Valley in der Riverina. Dieses für
New South Wales von der Produktionsmenge her
bedeutendste Weinbaugebiet nahe der Stadt Grif-
fith wird vollständig künstlich bewässert. Das
Hauptweinbaugebiet von West Australia liegt im
Tal des Swan River in der Nähe von Perth. Rund um
die Flüsse King, Owens und Murray liegt im Nor-
dosten Victorias eine der quantitativ bedeutenden

Anbauregionen. Die Insel Tasmanien südlich von Victoria ist Australiens kühlstes Anbaugebiet.

Die Küche Australiens ist ein Spiegelbild seiner multikulturellen Gesellschaft. Wenn man sie charakterisieren wollte, so wäre zuallererst die Küche zu nennen, die sich stark an das ehemalige Mutterland anlehnt und bis in die fünfziger und sechziger Jahre hinein dominierte. Sie wird aufgelockert durch einige Standardgerichte aus den traditionellen Einwandererländern, wie Wiener Schnitzel, Paella, Chili con Carne, süßsaures Schweinefleisch und andere. Dann gibt es eine Vielzahl von Restaurants, welche die Küche der unterschiedlichen Herkunftsländer der Einwanderer vertreten und Gerichte aus diesen Regionen anbieten.

Multikulturelle Küche

Außerhalb der allgemeinen Pflege der kulinarischen multikulturellen Errungenschaften greift man in der modernen Küche – dem Klima und der Meereslage entsprechend – auf die Küche des Mittelmeerraumes zurück, vor allem mit Gerichten aus Italien, Griechenland und dem Nahen Osten. Die Köche können dabei ihrer Fantasie freien Lauf lassen, mit den besten Zutaten und Zubereitungsarten aus verschiedenen Richtungen experimentieren und sind froh keinen starren Traditionen folgen zu müssen. Diese Art der *Contemporary cuisine* wird von den Gästen bereitwillig akzeptiert. In letzter Zeit richten die australischen Köche ihre Blicke verstärkt auf Asien und man spricht von einer kreativen, innovativen Asianisierung des australischen Gaumens oder *East-meets-West*.

Dieser Entwicklung wird in den Wochenendbeilagen der großen Zeitungen und in den Magazinen für Feinschmecker große Aufmerksamkeit gewidmet. Oftmals wird diese Art zu kochen auch als die australische Küche schlechthin verstanden, was jedoch etwas zu weit gegriffen scheint. Es ist eine individuelle Küche, die aus der *Nouvelle cuisine* hervorgegangen ist und ihren gewissen französischen Einfluss nicht verleugnen kann. Ein weiteres Vorbild ist die ähnlich entstandene kalifornische Küche, mit der man gleichermaßen Gedanken an Sonne und Strände verbindet.

Neben der Kreation von neuen Gerichten tauchen auch immer mehr asiatische Speisen auf den Menüs von ansonsten »europäischen« Restaurants, Bistros und Brasserien auf. Außerdem wird versucht althergebrachten und etablierten Rezepten mittels asiatischer Geschmacksrichtungen und Zubereitungsarten neue Attraktivität zu verleihen.

Renaissance einheimischer Produkte

Ferner wird den einheimischen Produkten aus Flora und Fauna eine verstärkte Aufmerksamkeit zuteil, mit dem Ziel, sie besser in die Küche zu integrieren. Dazu beschäftigt man sich verstärkt mit dem Leben und der Ernährung der Aborigines. Viele Küchenchefs, Feinschmecker und Autoren sind daran interessiert, durch die Verwendung einheimischer Zutaten eine in diesem Sinne australische Küche zu schaffen. Auch mit der kommerziellen Produktion solcher Nahrungsmittel wurde begonnen. Als repräsentativ dafür können Gerichte wie Sydneyer Felsenaustern mit Lillipilly, Emumedaillons kurz gebraten oder Kängurufilet mit Granny Smith und Macadamianüssen gelten.

Eine traditionelle Küche gibt es in Australien im strengen Sinne nicht. Seit Beginn der europäischen Besiedelung sind erst reichlich 200 Jahre vergangen, so dass sich allein deshalb eine solche traditionell verwurzelte Küche nicht herausbilden konnte, zumal sich die Küche der Aborigines nicht bei der Mehrheit durchgesetzt hat. Der Hauptgrund liegt jedoch darin, dass sich in Australien keine Landwirtschaft in Form bäuerlicher Selbstversorgung entwickelte, sondern sie von Beginn an marktwirtschaftlich orientiert war. Deshalb kam es auch nie zu einer dichten, auf Selbstversorgung basierenden Besiedelung im ländlichen Raum. Auf die Gesellschaft der Jäger und Sammler der Aborigines folgte sofort die Wirtschaftsweise der Siedler, die in ihrer Mehrzahl keine Bauern waren, von Landwirtschaft nicht viel verstanden und diese vornehmlich darauf ausrichteten, die Eigenversorgung mit Weizen und Fleisch sicherzustellen. Die australische Nation durchlief in ihrer kurzen Entwicklung nicht das Stadium einer Agrargesellschaft, in der sich eine traditionelle Küche hätte

53

herausbilden können, wie es beispielsweise in
Frankreich und China der Fall war, um nur zwei
berühmte Nationalküchen zu erwähnen.

Dennoch kann man zu Recht von einer authen-
tischen australischen Küche sprechen, deren heutige Vielfalt eben in der multikulturellen Gesellschaft verwurzelt ist. Australische Küche, das sind
frisches Gemüse, Obst und Fleisch sowie andere
Zutaten aus australischer Produktion, nach den
Traditionen, in denen der Koch oder das Restaurant stehen, zu Gerichten zubereitet und in geselli-
ger Atmosphäre serviert. Australische Küche, das
sind Gerichte, die bei Orient und Okzident, in
Großbritannien und Irland, in Italien, Griechenland und Deutschland, in China und Thailand An-
leihen aufnehmen und diese zu Neuem verbinden.
Aber es ist eben auch die Tradition und das Wissen
der Aborigines. Australische Küche, das ist eine
überwältigende Vielfalt an Gemüsen und Früchten, die wir aus unseren Breiten kennen. Hinzu
kommen Avocados, Artischocken, Kiwis, Ananas,
Mangos und andere Früchte aus den Tropen und
Subtropen. Lämmer, Rinder, Schweine, Geflügel,
Kängurus und Emus liefern gesundes, schmack-
haftes und frisches Fleisch. Frische Austern aus
Sydney, Barramundibarsche als Fang des Tages aus
Queensland, edler Wein aus dem Barossatal und
Granny-Smith-Äpfel aus Tasmanien, um nur einige Spezialitäten beim Namen zu nennen, verlei-
hen der Küche in Australien ihren Reiz.

Dies alles in seiner Gesamtheit bestimmt den
Charakter und die Besonderheit der australischen
Küche, des Kochens in Australien.

Entdecken Sie es selbst!

Authentische
australische Küche

Typische Zutaten

Austern

Austern kommen in fast allen Weltmeeren vor, unterscheiden sich aber in Geschmack und Konsistenz nach Art oder Ort, an dem sie gezüchtet werden. Die Felsenaustern in New South Wales stammen aus den Warmwassergebieten der Nordinsel Neuseelands. Die bekannteste Art aber, die Sydneyer Felsenauster, gedeiht entlang der gesamten australischen Südostküste in Buchten und Flussmündungen.

Meistens werden die Austern lebend aus der Schale verspeist, mit einigen Tropfen Zitronensaft und einer Prise Pfeffer abgeschmeckt.

Austern wurden auch in Australien bereits im Altertum als Leckerbissen geschätzt. In den ehemaligen Siedlungsgebieten der australischen Aborigines wurden riesige Muschelhaufen gefunden.

Bacon

Der englische Frühstücksspeck wird aus dem Kotelettstück junger Schweine geschnitten, anschließend gepökelt und geräuchert.

Buschtomate

Sie ist der wilde australische Verwandte der gemeinen Tomate und wie diese ein Nachtschattengewächs. Die heute erhältlichen Arten werden von den Aborigines in Zentralaustralien geerntet und zum Teil kommerziell zu Chutney verarbeitet. Als ganze Frucht schmecken sie wie südamerikanische Baumtomaten oder Tamarillos, gemahlen verlieren sie ihre Bitterkeit und können wie süßer Paprika verwendet werden. Sie wachsen an niedrigen Sträuchern und sehen aus wie kleine unreife Tomaten. Die Aborigines schätzen besonders die in der Sonne getrockneten Früchte, die zerrieben und dann mit Wasser zu einer Paste vermischt zu großen, über ein Kilogramm schweren Kugeln geformt werden, die ein oder zwei Jahre gelagert werden können. Nicht alle Arten der Buschtomaten sind essbar, manche sind giftig.

Mit einer Größe von bis zu zwei Metern und einem Gewicht von über 50 Kilogramm ist der Emu der größte Vogel Australiens und nach dem afrikanischen Strauß der zweitgrößte der Welt. Wie dieser ist er flugunfähig. Seine Eier können ein Gewicht von fast einem Kilogramm erreichen.

Emu

Wie das Känguru ist der Emu ein Wappentier Australiens und wird ironischerweise genauso wenig geachtet wie dieses. Als Plage betrachtet, da ihm die rasante Verbreitung von Unkrautpflanzen zugeschrieben wird, die den Ertrag der Farmer beeinträchtigen, wird er vielerorts gejagt. So kam es 1932 zu einem regelrechten Emukrieg, als in Queensland in einem zweijährigen Kampf über 120.000 Emus niedergemacht wurden.

Da Emufleisch für die menschliche Ernährung wertvoll ist, ist man dazu übergegangen, Emus in Farmen zu halten. Sein rotes Fleisch schmeckt wie Rind mit leichtem Wildaroma. Es ist sehr fettarm, weist dafür jedoch einen hohen Anteil an Eiweiß auf.

Wegen ihrer angeborenen Neugier wurden und werden diese Vögel ein leichtes Opfer ihrer Jäger. Als Köder reichen bereits ein paar bunte Stoffkugeln, die von einem Baum herab im Wind baumeln, oder ein paar ungewöhnliche Geräusche. Wenn sie die Gefahr allerdings erkennen, können sie sich mit einer Geschwindigkeit von 50 Stundenkilometern aus dem Staub machen. Hat der Angreifer Pech, kann der Emu ihm einen solchen Tritt versetzen, dass er zu Boden geht und zu Tode getrampelt wird.

Ihre Ernährung umfasst Blätter, Gräser und Insekten, je nach Jahreszeit und Umgebung. Das dichte Federkleid, das einem Fell ähnelt, schützt sie gegen extreme Temperaturunterschiede im Bereich von 45 Grad Hitze bis zehn Grad Kälte, wie sie im Inneren des Kontinents auftreten. Mit diesen idealen Voraussetzungen sind sie an ein Überleben in fast allen Teilen Australiens angepasst. Im Gegensatz zu den meisten anderen Vögeln sind bei den Emus die Hähne für das Ausbrüten der Eier und die Aufzucht der Jungen verantwortlich, da sich die Henne sofort nach der Eiablage nicht weiter darum kümmert.

Die erste Kunde von diesem großen Laufvogel erhielt die Alte Welt durch den holländischen Entdecker Willem de Vlamingh, der 1696 an der australischen Westküste Fußabdrücke eines großen Vogels fand, die er einem Kranich zuschrieb, der unter seiner portugiesischen Bezeichnung *Ema* bekannt war. *Ema* wurde später die Bezeichnung für alle straußenähnlichen Vögel, hat sich aber in der leicht abgewandelten Form bis heute nur für den australischen Emu erhalten.

Im Leben der Aborigines spielte der Emu eine zentrale Rolle. Sie nahmen an, das Tier stamme aus der Traumzeit, als die Erde von Geistern bevölkert war, und sahen in ihm ein Mischwesen aus Vogel und Mensch. In nächtlichen Zusammenkünften, den *Corroborees*, wurden Emutänze aufgeführt, für die sich die Teilnehmer mit Blattwerk als Emus verkleideten und auf großen Blasinstrumenten, den *Didgeridoos*, die Rufe der Vögel imitierten.

Auch auf Wandmalereien und eingeritzten Bildern tauchen immer wieder Emus auf. Das hielt sie allerdings nicht davon ab, Emus zu jagen. Eine beliebte Methode war es, einen Emu vor dem Fang benommen zu machen, indem man dem Wasserloch, aus dem er trank, zerstoßene Blätter der Pituri, einer narkotisierenden Pflanze, zufügte.

Wenn der Emu erlegt war, wurde er gerupft und meist in einer Erdgrube auf vorher erhitzten Steinen gedünstet. Der Kopf ragte noch aus dem »Ofen« heraus; wenn Dampf aus dem Schnabel stieg, war der Vogel essbar. Neben dem Fleisch wurden die Knochen für Messer und Speerspitzen, die Sehnen als Schnüre, das Fett zum Behandeln von Bumerangs und anderen Holzgegenständen, die Federn als Geschenke verwendet. Auch heute werden von der Industrie Leder, Öl, Klauen und Federn verwertet. Emueier werden zu Schmuckstücken verarbeitet, da sie aus verschiedenfarbigen Schichten bestehen und man durch Gravuren einen Gemmeeffekt erzielen kann.

Emufleisch lässt sich durch Rindfleisch oder Wild ersetzen.

In Australien wie in England ist der Golden Syrup zum Süßen beim Backen oder für Füllungen von Kuchen und Gebäck wegen seines kräftigen Geschmacks sehr beliebt.
Er wird durch die Verarbeitung von Zuckersirup hergestellt. Man kann ihn durch Honig oder Ahornsirup *(Treacle)* ersetzen.

Golden Syrup

Die Äpfel verdanken ihren Namen Maria Ann Smith, die in den dreißiger Jahren des 19. Jahrhunderts von England nach Australien ausgewandert war. Ihre Familie ließ sich im Sydneyer Vorort Eastwood nieder.
Einer Überlieferung zufolge brachte »Oma Smith« vom Markt einige Obstkisten mit, in denen ein paar angefaulte tasmanische Äpfel lagen, die sie in der Nähe eines Baches ausschüttete. Dort schlugen die Kerne Wurzeln und wuchsen zu Apfelbäumen heran. Nach einigen Jahren der Züchtung entstand daraus die heute bekannte Apfelsorte »Granny Smith«.

Granny-Smith-Äpfel

Im Juli 1862 wurde in London von der *Acclimatisation Society* ein spezielles australisches Dinner gegeben, dessen Ziel darin bestand, Erzeugnisse aus der Kolonie im Mutterland besser bekannt zu machen. Die Teilnehmer ergötzten sich an einem Menü aus Kängurugulasch, Känguruschinken, Ochsenzunge, australischen Fleischbiskuits sowie Gelees aus Seegras, Guave und Rosella. Zum Nachspülen gab es australische Weine, einschließlich Hermitage, Chablis und Sauternes. Allen Gästen hatte es hervorragend geschmeckt, was ihnen eine Köchin aus Tasmanien zubereitet hatte. Das Lob wäre vielleicht etwas gedämpfter ausgefallen, hätte man ihnen ein Gericht serviert, das unter den wählerischen Feinschmeckern auf den Antipoden zu jener Zeit recht populär war. *Slippery Bob*, so hieß es, bestand aus Känguruhirn, vermischt mit Mehlteig und gebraten in Emufett.

Känguru

Kängurus gehören zu den Großfüßlern *(Macropodidae)*, einer Unterfamilie der Beuteltiere. Allen Großfüßlern gemeinsam sind schwache, verkürzte Vorderbeine, lange, sprungkräftige Hinterbeine sowie ein langer und kräftiger Schwanz, der ihnen als Stütze dient. Sie sind Pflanzenfresser und bewohnen die Steppen- und Buschgebiete Australiens sowie einiger benachbarter Inseln. Ihre größten Vertreter, das rote und das graue Riesenkänguru, erreichen eine Länge von 2,70 Meter, ein Gewicht von 70 Kilogramm und können bis zu zehn Meter weit springen. Damit sind sie die größten Landsäugetiere Australiens.

Der Lebensraum der Kängurus oder *Roos*, wie sie von den Australiern liebevoll genannt werden, erstreckt sich über alle Bundesstaaten und umfasst die flachen, offenen Ebenen, in denen die roten Kängurus leben, dichtes Gestrüpp und Waldgebiete, die Heimat der grauen Kängurus, und steinige Berge oder Klippen, wo die Felswallabys zu finden sind. In den bergigen Regenwäldern Queenslands leben die Baumkängurus.

Früher hatten die Kängurus nur wenige natürliche Feinde, wie den Tasmanischen Tiger, einige Fleisch fressende Beuteltiere und den Dingo, der jedoch erst vor rund 7.000 Jahren mit einer Wanderungswelle von Aborigines nach Australien kam. Mit Beginn der europäischen Besiedelung im Jahre 1788 änderte sich diese Lage. Nicht nur die in großem Umfang aufgezogene Schafhaltung machte ihnen Konkurrenz um fruchtbare Weideländer, auch viele der eingeführten Tiere – wie Füchse, Hunde und Katzen – jagten die einheimischen Beutler, worunter am meisten die kleineren Arten litten.

Im Gegensatz dazu profitierte ein Teil der größeren Känguruarten von der Erschließung des Landes und vermehrte sich recht stark. Dies ist zurückzuführen auf die Bohrungen und Bodentanks, die Trinkwasser für das Nutzvieh bereitstellen. Das ermöglichte gleichzeitig den Kängurus, in ansonsten unbewohnbaren Gebieten zu überleben, da sie, wenn notwendig, längere Distanzen bis zur Wasserquelle zurücklegen können, obwohl ihr Radius sonst nur zehn bis 15 Kilometer beträgt.

Kängurus bevorzugen junge, grüne und eiweißreiche Schösslinge als Futter. Im Gegensatz zu Schafen können sie trockenes Gras oder feste Fasern nicht verdauen. Auf diese Weise vermindern sie die Qualität der Weidegründe und kommen mit den Schafen in Konflikt. Außerdem haben sie sich mit einer Population von 30 bis 50 Millionen und einem Wachstum von 20 Prozent pro Jahr zu einer wahren Plage für die Landwirtschaft entwickelt. Jährlich werden deshalb in den einzelnen Bundesstaaten Abschussquoten festgelegt. Die wirtschaftliche Verwertung der Kängurus haperte bis vor kurzem noch. Zwar wurden Fell und Haut vermarktet und im Ausland zu Sportschuhen verarbeitet, doch ließ sich damit kaum Gewinn erzielen.

Heute hat man sich darauf besonnen, dem Känguru einen größeren Platz als Fleischlieferant einzuräumen. Nachdem der Verkauf von Kängurufleisch bisher nur in Südaustralien, dem Northern Territory, Tasmanien und Canberra erlaubt war, darf es seit 1994 auch in New South Wales, dem bevölkerungsreichsten Bundesstaat, angeboten werden. Dabei sind sich Ernährungswissenschaftler schon seit langem einig, dass Kängurufleisch eine gesunde Alternative zu Rind, Schwein oder Lamm ist. Das dunkelrote Fleisch ist reich an Eiweiß und Eisen, sehr fett- und cholesterinarm und deshalb für eine gesunde Ernährung zur Vorbeugung gegen Herz-Kreislauf-Erkrankungen zu empfehlen.

Zur Zeit ist der Preis für Kängurufleisch jedoch noch zu niedrig, um die Känguruzucht in großem Umfang wirtschaftlich interessant zu machen. Man hofft den Preis verdoppeln bis verdreifachen zu können, so dass viele Farmer ihre Schafpopulation zu Gunsten der Kängurus einschränken. Bliebe nur noch zu klären, wie man eine Känguruherde so einzäunt, dass die Tiere nicht ständig über den Zaun zurück in den Busch hüpfen. Bis dahin ist es aber noch ein weiter Weg, denn nicht alle

Australier können sich mit dem Gedanken anfreunden, ihr Wappentier auf der Speisekarte wieder zu sehen.

Auch aus den Reihen der Umwelt- und Tierschützer kommen verständliche Bedenken. Einerseits sieht man die Gefahr, dass sich die Beuteltiere im Laufe der Zeit ihre eigene Lebensgrundlage wegfressen. Andererseits befürchtet man allerdings auch, dass dem wachsenden Appetit auf Kängurusteaks bestimmte Arten, die zum Teil nur noch 1.000 oder weniger Exemplare zählen, vollständig zum Opfer fallen könnten.

Wie dem auch sei, Kängurusteaks, Kängurugulasch und Känguruschwanz sind wieder in den Supermärkten Australiens erhältlich, und auch ein Großteil der Restaurants, vor allem jene in den Großstädten, die Neues ausprobieren und mit dem Trend der Zeit gehen, haben Gerichte mit Kängurufleisch keinesfalls nur für Touristen auf ihrem Speiseplan.

Die erste Begegnung eines Europäers mit einem Känguru fand während der Weltreise des Kapitäns James Cook statt. Als sein Schiff im Juni 1770 am Großen Barriereriff vor der australischen Nordostküste beim heutigen Cooktown strandete und in einer nahe gelegenen Bucht repariert wurde, ließ der Naturwissenschaftler Sir Joseph Banks zwei dieser Geschöpfe schießen. Ein Tier wurde gehäutet und nach England gebracht, wo es ausgestopft wurde, das zweite kam auf den Tisch der Offiziersmesse und sein Fleisch wurde, laut Cook, als exzellent bewertet.

Wahrscheinlich geht der Name auf ein Missverständnis zwischen Cook und den Ureinwohnern zurück. Als Cook eines der erlegten Tiere den Aborigines zeigte und sie nach dem Namen fragte, antworteten sie: *Kangaroo*, was in Wirklichkeit heißen sollte: ich weiß nicht. Als 18 Jahre später Kapitän Arthur Phillip Sydney Harbour erreichte, war das Einzige, was er über die Sprache der Ureinwohner wusste, dass sie dieses Tier angeblich *Kangaroo* nannten. Da sich ihre Sprache jedoch von den weiter nördlich gesprochenen Sprachen sehr stark un-

terschied, konnten die Aborigines damit überhaupt nichts anfangen und nahmen ihrerseits an,
es handele sich um eine Bezeichnung aus der Sprache der weißen Eindringlinge für ein ihnen ver-
trautes Tier, das sie *Patagarang* nannten und von
dem mehr als ein halbes Dutzend Arten in der
Nähe des Hafens lebten und das harte Gras knab-
berten. Im Arnhem Land in Nordaustralien heißt
das Beuteltier *Garrtjambal*, im Südosten von New
South Wales sagen die Aborigines *Bandharr* und
im südlichen Westaustralien heißt es *Marloo*, um
nur einige wenige Bezeichnungen zu nennen.

Sowohl für Känguru als auch für das kleinere
Wallaby finden sich viele Rezepte in frühen australischen Kochbüchern. Das Fleisch wurde gegrillt,
geschmort, gespickt, gekocht, gebraten, mit Curry
zubereitet sowie in Pasteten, Suppen und Gulasch
verarbeitet.

Kängurufleisch lässt sich durch Wild ersetzen.

Kokosnuss und Kokosmilch

Die Frucht der Kokospalme wird vor allem in Süd-
und Südostasien kultiviert. Unter ihrer dünnen
Außenhaut befindet sich eine rund fünf Zentimeter dicke Schicht, deren Fasern zu Seilen und Tep-
pichen verarbeitet werden. Dann kommt eine
harte Steinschale, die sich am besten mit Hammer
und Meißel oder einer Holzsäge öffnen lässt, unter
der das weiße, knorpelige Samenfleisch liegt, das
getrocknet als Kopra, Ausgangsprodukt für Kokos-
fett, oder als Kokosraspel für Gebäcke und Süß-
speisen verwendet wird. Inmitten der Nuss befindet sich eine große Höhlung, die mit Kokoswasser,
einer leicht süßen und erfrischenden Flüssigkeit,
gefüllt ist. Dabei handelt es sich jedoch nicht um
die Kokosmilch, die in Gerichten verwendet wird.

Kokosmilch gewinnt man durch Auspressen des
frisch geraspelten Kokosfleisches. Dazu werden die
Raspel mit ein wenig kaltem oder heißem Wasser
versetzt, etwa 200 Milliliter für eine Kokosnuss,
und dann gründlich vermischt und gedrückt. Nach
ein paar Minuten bildet sich die Kokosmilch und
kann abgegossen werden. Durch das Auspressen
der reinen Kokosraspel ohne Zugabe von Wasser

bekommt man Kokossahne. Hat man keine frische Kokosnuss zur Hand, kann man handelsübliche Kokosraspel im Verhältnis von einer Tasse Kokos zu zwei Tassen Wasser heiß übergießen und nach halbstündigem Ziehen durch Auspressen Kokosmilch gewinnen.

Kurrajongmehl

Grundstoff für dieses Mehl sind die gerösteten und gemahlenen Samen einer Reihe von Bäumen mit dem Namen Kurrajong. Dazu gehört auch der Illawarra-Flammenbaum, der in vielen Gärten zu finden ist. Alle Kurrajongsamen, die einen hohen Gehalt an Fett, Eiweiß und Kohlehydraten haben, sind erst nach dem Rösten genießbar.

Das Mehl verleiht Brot und Gebäck einen nussartigen Geschmack und ergibt zusammen mit Macadamianussöl einen interessanten Brotaufstrich.

Lamm

In Australien wird, wie in Deutschland, das Fleisch der Schafe nach dem Alter der Tiere klassifiziert. Tiere ohne dauerhafte Zähne und bis zu einem Alter von zwölf Monaten werden als Lamm bezeichnet, von drei bis zehn Monaten auch als Frühlingslamm. Sie zeichnen sich durch frisches, zartes und saftiges Fleisch aus, das von rosa-weißen Fettäderchen durchzogen wird. Im Alter von 15 bis 30 Monaten, wenn sie gewöhnlich ein Paar dauerhafte Schneidezähne entwickelt haben, heißen sie *Hogget* oder *Two-tooth*, also Zweizahn. Alles Fleisch von Tieren über dieser Grenze muss als Hammel verkauft werden.

Das Fleisch wird mit zunehmendem Alter immer roter und kräftiger im Geschmack. Den ersten beiden Stufen entsprechen in Deutschland etwa Milchlamm und Mastlamm. Australisches Lamm ist von sehr guter Qualität, im Lande nach wie vor äußerst beliebt, überall erhältlich und wird vielseitig verwendet.

Limone, Australische

Diese Limonen sind Früchte verschiedenartiger einheimischer Zitruspflanzen, von denen fünf in Regenwäldern und eine in Wüstengegenden gedeihen. Am bekanntesten sind die kleinen und safti-

gen gelben Limonen aus dem Südosten Queenslands.
Als Ersatz normale Limonen oder Limetten verwenden.

Fast überall in der Welt kennt man Macadamianüsse als ein Erzeugnis aus Hawaii, und nur wenige wissen, dass der Baum, an dem diese Nüsse wachsen *(Macadamia integrifolia)*, aus den Regenwäldern des südlichen Queensland und des nördlichen New South Wales stammt. Der Macadamiabaum wurde 1889 nach Hawaii eingeführt, etwa 20 Jahre nachdem 1870 die ersten Macadamiaplantagen in Australien angelegt worden waren.

Macadamianüsse

Er ist eine der wenigen essbaren einheimischen Pflanzen Australiens, die kommerziell angebaut werden. Australien kontrolliert heutzutage rund 60 Prozent der Produktion von Macadamianüssen, die außerdem im südlichen Kalifornien und in Hawaii angebaut werden. Auf dem Fünften Kontinent erreichte die Produktion knapp 6.000 Tonnen im Jahre 1990.

Ein großer Macadamiabaum, auch bekannt als Queensländer Nussbaum *(Queensland nut tree)*, kann 100 Kilogramm Nüsse pro Saison tragen. Die weißen Kerne sind so ölig, dass sie mit heller Flamme fünf oder zehn Minuten brennen können. Viele der Spezies, die im südlichen Queensland stehen, wo sich das Zentrum dieser Industrie befindet, tragen heute hawaiianische Namen.

Die Nüsse waren einst ein wichtiger Teil der Ernährung vieler Aboriginesgruppen, da sie reichlich Fette, Eiweiße und Kohlehydrate beinhalten und leicht zu sammeln sind.

Der Anbau der Macadamiabäume wird in Australien von einer speziellen kleinen und stachellosen Bienenart unterstützt, die nur etwa fünf Millimeter groß wird und eine besondere Vorliebe für den Nektar der Macadamiablüten zeigt. Auf diese Weise werden mehr Blüten bestäubt und mehr Nüsse gebildet als bei der Bestäubung durch importierte Honigbienen.

Mango

Die runde bis ovale Frucht eines tropischen Baumes *(Mangifera indica)* stammt ursprünglich aus Indien und wird heute in allen tropischen Regionen einschließlich Queensland kultiviert.

Im noch nicht ganz reifen Zustand ist die Mangofrucht dunkelgrün, während der Reifung fließt diese Färbung in ein dunkles Orange. Unter der ungenießbaren Schale sitzt das gelbliche, aromatische und saftige Fruchtfleisch, dessen Geschmack von säuerlich bis hin zu angenehm süß reicht.

Mangos enthalten reichlich Vitamin A und C und werden meist in Scheiben frisch serviert; es gibt sie jedoch auch als Konserve oder getrocknet. Besonders beliebt sind Marmeladen und Chutneys mit Mango. In Australien kommen die meisten Mangos – von denen die Bowen-Mango die schmackhafteste ist – aus Queensland.

Papaya

Die Papaya ist eine große, weiche Frucht mit grüner Schale und sehr saftigem Fruchtfleisch. Der bis zu sieben Meter hohe Papayastrauch stammt aus dem tropischen Teil Amerikas. Ihren Namen erhielt die Pflanze von dem karibischen Wort *Ababai*. Man nimmt an, dass portugiesische Entdecker die Frucht mit nach Europa brachten und sie dann mit Händlern die Reise in andere tropische Länder wie Malaysia und Australien antrat.

Die Frucht ist reich an Vitamin A und C. Sie trägt bereits im ersten Jahr Früchte und enthält Papain, ein Eiweiß spaltendes Enzym, das aus den Früchten oder aus dem Stamm gewonnen als Zartmacher für Fleisch verwendet wird, verdauungsfördernd ist und zudem bei der Herstellung von Kaugummi Verwendung findet.

Die Früchte können wie Obst, aber auch wie Gemüse zubereitet werden. Ihre schwarzen Kerne, deren Geschmack an Kresse erinnert, eignen sich zum Garnieren und für Salatsaucen. Eine reife Papaya hat orangerotes, butterweiches, süßes Fleisch und schmeckt nach einer Mischung aus Melonen, Himbeeren und Aprikosen. Noch erfrischender wird das Aroma durch Zugabe von einigen Tropfen Zitronen- oder Limettensaft.

Wildfrüchte aus dem australischen Regenwald: Ingwer, Weißer Apfel, Palmfrüchte, Pflaumen, Trauben und Nüsse.

Aborigines beim Öffnen von Kokosnüssen.

»Feldküche« für Landarbeiter, 1925.

Familienpicknick, 1912.

Die Frucht einer Kletterpflanze aus Südamerika, die in Australien in großem Umfang kultiviert wird, ist in Deutschland als Maracuja bekannt. Im Inneren dieser etwa eigroßen Frucht mit einer dicken, ledrigen und meist dunkelvioletten Schale liegt orangefarbenes Fruchtfleisch, das viele kleine schwarze essbare Kerne umgibt.

Passionsfrucht

Passionsfrüchte sind wegen ihres saftigen, süßen und doch erfrischend säuerlichen Fruchtfleisches sehr beliebt. Die halbierten Früchte können als Dessert ausgelöffelt werden oder man verwendet das Innere für Fruchtsalate, Flammeris, Pasteten, Glasuren und Fruchtsaucen oder als Garnitur für Eis und Pavlova. Auch Marmelade und Butter lässt sich aus ihr herstellen.

Pekannüsse sind die Früchte verschiedener Hickorybäume. Die sandfarbenen, schlank- bis rundovalen Nüsse enthalten einen Kern, der walnussähnlich schmeckt.

Pekannuss

Verwendet werden die Blätter und Früchte von drei verschiedenen Arten, die in Tasmanien, Victoria und New South Wales vorkommen, sich im Geschmack und in der Schärfe unterscheiden und mit dem richtigen Pfeffer nicht verwandt sind. Vorwiegend wird der *Mountain pepper tree* (Bergpfefferbaum) verarbeitet.

Pfeffer, Australischer

Als Ersatz normalen Pfeffer verwenden.

Quandongs – ihr Name stammt aus der Sprache eines Stammes der Aborigines – werden wegen ihres Geschmacks auch australische Pfirsiche genannt. Unter der Schale des Samens befindet sich eine ölige Nuss.

Quandong

Die Früchte sind frisch, gefroren und getrocknet erhältlich. Es steht zu hoffen, dass die Quandongbäume kultiviert werden, da sie im Inneren Australiens wahrscheinlich wegen Überweidung durch wilde Kamele vom Aussterben bedroht sind.

Die Bäume der Riberry, auch als Kirscherle bezeichnet, gehören zu den so genannten Lillipillys, von de-

Riberry

nen es in Australien über 60 Arten gibt. In Gärten und Parks sieht man sie häufig als Zierpflanzen.

Die Früchte mit ihrem säuerlichen, aromatischen Geschmack werden wie Johannis- oder Preiselbeeren zu Sauce oder Marmelade verarbeitet. Als Ersatz Johannisbeeren – als Gelee oder Sauce, je nach Rezept – verwenden.

Taro

Die verdickte und stärkereiche Knolle eines in den Tropen angebauten Aronstabgewächses aus Südostasien ist ein wichtiges Nahrungsmittel. Nach dem Kochen oder Rösten verliert sich der im rohen Zustand vorhandene, durch Kalziumoxalat hervorgerufene Geschmack. Australiens Taro dürfte aus Neuguinea oder Indonesien eingeführt worden sein.

Tintenfische

Die drei bekanntesten Arten aus der Gruppe der Kopffüßler sind Tintenfisch, Kalmar und Krake, die wie Schnecken und Muscheln zur Familie der Weichtiere gehören. Sie haben acht bis zehn mit Saugnäpfen besetzte Arme am Kopf, sind an den Küsten Westeuropas und des Mittelmeeres heimisch und kommen auch in den australischen Küstengewässern vor. Sie ernähren sich von kleinen Fischen und Krebsen und verteidigen sich gegen Angriffe größerer Raubfische durch das Ausspritzen einer schwarzbraunen Tinte.

Tintenfische gelten nicht nur in Italien, Spanien und Portugal als Leckerbissen, sondern erfreuen sich auch in Australien zunehmend großer Beliebtheit bei Feinschmeckern, da man in den großen Städten bemüht ist, die Speisekarten der Restaurants dem mediterranen Klima anzupassen.

Nach dem Fang löst man aus den Tierchen den Rückenpanzer heraus, krempelt den sackförmigen Körper um und entfernt die Innereien einschließlich des Tintenbeutels. Am besten schmecken die zartfleischigen Fangarme, in Olivenöl gebraten, mit Wein, Tomaten, Gewürzen und Kräutern abgeschmeckt. Man kann sie auch in der eigenen Tinte dünsten.

Der rötlich braune Oktopus mit acht Fangarmen, auch als Krake bekannt, erreicht eine Länge von bis zu einem Meter, schmeckt jedoch nur im jugendlichen Alter delikat, bei einer Länge von 30 Zentimetern und einem Gewicht von bis zu einem Kilogramm. Die Achtfüßler leben auf dem Grunde der Ozeane zwischen Felsen und werden mit Fallen, Netzen oder Harpunen gefangen. Vor der Verarbeitung in der Küche müssen die Innereien herausgenommen werden, indem man entweder den ganzen Kopf entfernt oder diesen aufschneidet. Damit das Fleisch zarter wird, schlagen die Fischer ihren Fang oft noch auf Felsen weich. Eine andere Möglichkeit ist die Bearbeitung mit einem Küchenklopfer. Am einfachsten ist es, das Fleisch zuerst in Salzwasser zu kochen, in Stücke zu schneiden und erst dann weiter zuzubereiten.

Warrigal Greens

Die grüne Blattpflanze, deren Sprosse, junge Blätter und obere Teile des Stängels essbar sind, kommt in der Umgebung von Mangrovenwäldern und an den Ufern von Flüssen auch landeinwärts vor. Sie ist außer in Australien auch auf den Pazifischen Inseln, in Japan, Südamerika und Neuseeland beheimatet.

In Indonesien wird Warrigal als Gemüse kultiviert. Zwar haben die Aborigines diese Pflanze nicht gegessen, doch bei den Maoris in Neuseeland und bei den ersten weißen Siedlern in Australien stand sie auf der Speisekarte. Kapitän Cook nutzte sie bereits 1770 auf seiner Entdeckungsreise in Neuseeland zur Bekämpfung des Skorbuts, was ihr auch zum Namen Neuseeland-Spinat verhalf.

Wattle

Wattle ist eine der wenigen einheimischen Pflanzenarten, die kommerziell verwertet werden, wenn auch erst 100 Jahre nach der Macadamianuss. Wattle wird hergestellt aus den gerösteten Samen einer von über 1.000 Akazienarten, die in Australien vorkommen, von denen etwa 750 nur auf diesem Kontinent wachsen.

Wattle wird wegen seiner vielseitigen Verwendbarkeit und seines australischen Charakters immer bekannter. Gegenwärtig wird es hauptsächlich als Geschmacksstoff für Eis, Pasta, Schokolade, Kekse und Brot, aber auch zum Aufbrühen als Kaffee eingesetzt. Früher wurden im *Outback* die in Schoten wachsenden und sehr eiweißreichen Samen von mindestens 30 Akazienarten gegessen. Entweder wurden die getrockneten Samen zwischen Steinen gemahlen und als Buschbrot verbacken oder die grünen Samen wurden wie Erbsen verzehrt.

Yams

Die stärkereichen Knollen dieser windenden Pflanzen aus Südostasien werden meist gekocht verzehrt. In Australien kommen drei einheimische Arten vor: Langyams in den östlichen Regenwäldern und an den nördlichen Küsten, Rundyams in Nordaustralien in Monsunwäldern und Warrine im Südwesten Australiens.

Die lange, weiße Knolle des Langyams kann roh gegessen werden und erinnert vom Geschmack her an die Kartoffel. Das gelbliche Knollenfleisch des Rundyams dagegen ist giftig, solange es nicht gerieben, eingeweicht und gebacken wurde. Diese Art findet man auch in Asien und Afrika, doch da sie bereits vor vielen Tausend Jahren nach Australien gebracht wurde, gilt sie als einheimisch.

Neben diesen australischen Yamsarten gibt es noch drei aus Südostasien eingeführte wild wachsende Arten. Es wird zwar oft angenommen, Yams sei das typische Nahrungsmittel der Aborigines, doch aufgrund seiner Verbreitung hauptsächlich an den Küsten und in den Tropen war er vielen Stämmen unbekannt. An seiner Stelle wurde eine Vielzahl von anderen stärkehaltigen Knollen verwendet.

Zitronenteebaum

In Australien wachsen verschiedene Arten von so genannten Teebäumen, darunter auch solche, deren Blätter ein zitronenartiges Aroma verströmen. Bereits James Cook versuchte während seines Aufenthaltes in Neuseeland, mit Kräutertee von Teebäumen dem Skorbut vorzubeugen. Selbst Bier wurde aus Zweigen und Blättern gebraut. Teebaumtee war zu Zeiten der Kolonie ein sehr beliebtes Getränk.

Die in den Rezepten verwendete Mengenangabe »1 Tasse« entspricht etwa ¼ Liter.

Dank

Ich möchte mich auf diesem Wege bei allen bedanken, die mir in Australien bei der Materialsammlung für dieses Buch geholfen haben. Mein Dank geht an Vic Cherikoff für die Bereitstellung von Rezepten aus seinem Buch *Uniquely Australian* sowie an Jean-Paul Bruneteau vom Restaurant *Riberries – Taste Australia* in Darlinghurst, Sydney, der mir ebenfalls einige Rezepte überließ. Ich bedanke mich bei Ron Edwards aus Kuranda, Queensland, für Rezepte der Aborigines-Küche aus seinem Buch *Traditional Torres Strait Island Cooking,* bei der Familie von Helen Arbib für Rezepte aus ihrem Buch *Australian Cookbook* und bei David Hammond für Rezepte aus dem Buch *The Australian Huon Valley Recipe Book* von Cheryl Robertson, erschienen in der Southern Holdings Pty Ltd. in Tasmanien. Mein Dank geht weiterhin an Mark Armstrong von *Armstrong's Brasserie* in North Sydney, an Geoffrey Churcher vom Restaurant *Beaches* in Balmoral Beach, Sydney, an Tosh Friborg vom *Royal Hotel* in Paddington, Sydney, an Robin Howard von *Broadbent's Restaurant* in Goulburn, NSW, an Mandy und Stephen Sonntag vom Restaurant *The Branxton Inn* in Branxton, NSW, sowie an Tony Bilson vom Restaurant *The Treasury* in Sydney, die mir alle wertvolles Material zur Verfügung stellten.

Stefan Ullmann

◆

Vorspeisen und Salate
Entrées and Salads

◆

◆ Die Eier schälen, in einem oder zwei Gläsern anordnen und zum Abmessen mit so viel Essig auffüllen, bis sie bedeckt sind. Den Essig in einen Topf abgießen, Kräuter und Pfeffer zugeben. Aufkochen und 5 bis 10 Minuten leicht köcheln.
Abkühlen lassen, mit Kräutern und Pfeffer über die Eier geben. Die Gläser völlig abkühlen lassen und verschließen. Mindestens einen Tag, möglichst drei Wochen stehen lassen.

Variante:
Statt der frischen Kräuter mit einer grob zerkleinerten Ingwerwurzel (3 cm) und Chili würzen. Ingwer und Pfefferkörner während des Kochens in ein Stoffsäckchen binden und nicht mit abfüllen. Ein oder zwei Chilischoten in jedes Glas geben.

Eier in Kräuteressig
*Pickled Eggs
in Spiced Vinegar*

mindestens 1 Tag ruhen
  lassen
für 1-2 Gläser (insgesamt 1 l)

12 hart gekochte Eier
Essig
frische Kräuter (Thymian,
  Oregano, Estragon,
  Rosmarin)
1 TL Pfefferkörner

◆ Den oberen Teil der Tomaten abschneiden, die Tomaten mit einem Löffel aushöhlen. Leicht salzen und mit der Öffnung nach unten auf ein Gitter stellen, damit der Saft abtropfen kann.
In jede Tomate 1 TL Butter geben und sie in einer leicht eingebutterten Form anordnen. Im auf 200°C vorgeheizten Ofen 10 Minuten backen.
In jede Tomate ein Ei schlagen, 1 TL zerlassene Butter darüber geben, leicht salzen. Die Tomaten locker mit Aluminiumfolie zudecken und etwa 10 Minuten backen, bis das Eiweiß fast stockt.
Jedes Ei mit 1 EL Brotkrumen und einer Butterflocke bedecken. Die Tomaten etwa 1 Minute grillen, bis die Brotkrumen eine bräunliche Farbe annehmen und das Eiweiß vollständig stockt.

Eier in Tomaten
Eggs in Tomatoes

für 4-6 Personen

6 Eier
6 reife, feste Tomaten
100 g Butter
6 EL Weißbrotkrumen

Austern Kilpatrick
Oysters Kilpatrick

für 6 Personen

24 frische Austern
4 Scheiben Bacon
2 EL Worcestershiresauce
30 g Butter

◆ Den Bacon fein hacken. Die Austern in je einer halben Schale in einer feuerfesten Form anordnen. Stehen die Muscheln nicht gerade, sie in ein Bett aus Salz stellen.
Worcestershiresauce und Butter erhitzen, je 1 TL über die Austern geben. Die Austern mit Bacon bestreuen und mit Pfeffer würzen.
Im vorgeheizten Ofen etwa 4 Minuten grillen, bis der Bacon knusprig ist und die Austern rundlich werden.
Sofort servieren.

Austernpastetchen
Oyster Patties

für 10 Personen

20 kleine Vol-au-vents
  (Blätterteighüllen)
20 Austern (frisch oder
  Konserve)
abgeriebene Zitronenschale
⅛ l Milch
50 g Butter
30 g Mehl
50 g Sahne

zum Garnieren:
1 Zitrone
gehackte Petersilie

◆ Die Vol-au-vents im auf 200 °C vorgeheizten Ofen etwa 3 Minuten erwärmen, bis sie knusprig sind. Die Austern abgießen, den Muschelsaft auffangen.
⅛ l Muschelsaft mit etwas Zitronenschale, Milch, Pfeffer und Salz nach Geschmack aufkochen. Zugedeckt 3 Minuten köcheln, anschließend abgießen.
In einem Topf Butter zerlassen, Mehl einrühren, die Austersauce zugießen und gut verrühren. Den Topf vom Herd nehmen, Sahne und Austern hineingeben. Die Mischung auf die Vol-au-vents verteilen und darauf achten, dass in jedem eine Auster enthalten ist.
Mit Zitronenscheiben und Petersilie garniert servieren.

Engel zu Pferd
Angels on Horseback

für 6 Personen

12 Austern
Zitronensaft
6 Scheiben Bacon
12 kleine Scheiben Weißbrot

◆ Das Austernfleisch mit Zitronensaft beträufeln, mit einer Prise Pfeffer und Salz bestreuen. Die Baconscheiben halbieren. Jede Auster in einen Baconstreifen wickeln und mit einem kleinen Holzspieß befestigen.
In Grill, Pfanne oder vorgeheiztem Ofen bei 180 °C erhitzen, bis der Bacon leicht gebräunt und knusprig ist.
Heiß auf Weißbrot servieren.

◆ In einem Topf die unverdünnte Suppe, Sahne, Sherry und einen Spritzer Worcestershiresauce verrühren, kurz aufkochen und zur Seite stellen.
In einer Kasserolle 50 g Butter zerlassen und die Pilze bei mittlerer Hitze kurz darin braten, bis Flüssigkeit austritt. In die Sauce rühren, mit Pfeffer und Salz abschmecken.
Von jedem Brötchen oben ein langes, schmales Stück abschneiden und die Brötchen aushöhlen. Brötchen und Deckel innen mit Butter bestreichen. Im auf 220°C vorgeheizten Ofen einige Minuten nachbacken, bis sie golden und knusprig sind.
Die Mischung auf die Brötchen aufteilen, den Deckel darauf setzen und servieren.

Champignonbrötchen
Mushroom Rolls

für 6 Personen

250 g fein gehackte Champignons
350 ml Champignon-cremesuppe (Konserve)
⅛ l Sahne
2 EL Sherry
Worcestershiresauce
Butter
6 lange Brötchen (Baguette)

◆ Den Reis in Salzwasser etwa 15 Minuten weich kochen und anschließend abgießen.
1 EL Öl, 30 g Maismehl und Milch miteinander vermischen. Reis, Parmesan, Senfpulver, eine Prise Cayennepfeffer, Paprika, Zwiebel, einen Spritzer Worcestershiresauce und Salz unterrühren. Zum Abkühlen und weiteren Quellen des Reises zur Seite stellen.
Walnussgroße Bällchen formen, im restlichen Maismehl rollen, nacheinander zweimal in Ei und Paniermehl wenden.
Das Öl auf 190°C erhitzen und die Bällchen 1 Minute darin goldbraun frittieren.
Abtropfen lassen und mit Cocktailspießchen anrichten.

Reisbällchen mit Käse
Rice and Cheese Balls

100 g Rundkornreis
40 g Maismehl
300 ml Milch
100 g geriebener Parmesankäse
½ TL Senfpulver
Cayennepfeffer
1 TL Paprika
1 TL geriebene Zwiebel
Worcestershiresauce
1 Ei
Paniermehl
Öl zum Frittieren

Backpflaumen in Bacon
Prunes in Bacon

15 Backpflaumen
5 Scheiben Bacon
Butter
2 Bund Petersilie

◆ Die Backpflaumen entsteinen, die Baconscheiben dritteln. Jede Pflaume in ein Stück Bacon einrollen und mit einem kleinen Metall- oder Holzspieß befestigen. Das Backblech mit saugfähigem Papier auslegen und die Röllchen bei 230 °C grillen, bis der Bacon glasig ist.
Währenddessen etwas Butter zerlassen und die Petersilie kurz darin braten.
Die Baconröllchen sehr heiß auf einem Bett aus Petersilie servieren.

Lachsschaumbrot
Salmon Mousse

für 4 Personen

250 g Lachs
30 g Butter
1 gehackte kleine Zwiebel
30 g Mehl
300 ml Milch
Thymian
geriebene Muskatnuss
1 Lorbeerblatt
1 EL Gelatine
2 Stangen Sellerie
1 roter Apfel
1 Zitrone (Saft)
2 EL Tomatenketchup
3 EL Mayonnaise

zum Garnieren:
Gurkenscheiben
Brunnenkresse oder Petersilie

◆ Butter zerlassen und die Zwiebel darin glasig dünsten. Mehl einrühren, weitere 3 Minuten dünsten.
Nach und nach die Milch unterrühren, anschließend die Gewürze. Bei schwacher Hitze 10 Minuten köcheln.
Das Lorbeerblatt entfernen, die Sauce abkühlen lassen. Den Lachs fein zerkleinern und einrühren. Gelatine in 2 EL Wasser auflösen und zugeben.
Fein gehackten Sellerie, geriebenen Apfel und Zitronensaft ebenfalls zufügen. Ketchup und Mayonnaise unterrühren, mit Pfeffer und Salz abschmecken. Die Masse in eine fischförmige Puddingform oder vier kleinere Formen gießen und kühl stellen.
Mit Gurken und Brunnenkresse garniert servieren.

◆ Für die Sauce in einem Topf Butter zerlassen, Mehl einrühren und unter Rühren 2 Minuten erhitzen. In einen Mixer geben, Milch und Sahne zufügen, pfeffern und salzen. Bei maximaler Geschwindigkeit 30 Sekunden vermischen. Zurück in den Topf geben, abschmecken und 2 Minuten köcheln.
Krabbenfleisch und etwas Petersilie in die Sauce geben. Mit Pfeffer, Salz und einigen Tropfen Tabascosauce abschmecken.
Die Avocados halbieren, Kern und einen Teil des Fruchtfleischs entfernen. Die Avocadohälften sofort mit etwas Salz sowie Zitronensaft beträufeln, damit sie sich nicht verfärben. In einen Topf mit etwas Wasser geben, mit der Sauce füllen, mit Käse bestreuen und im auf 160 °C vorgeheizten Ofen etwa 10 Minuten backen.
Heiß servieren.

Variante:
Das Krabbenfleisch durch Fleisch der Jakobsmuscheln ersetzen.

Avocados mit Krabbenfüllung
Baked Seafood Avocados

für 4-6 Personen

3-4 Avocados
150-200 g gekochtes
    Krabbenfleisch
gehackte Petersilie
nach Geschmack:
    Tabascosauce
Zitronensaft
nach Geschmack:
    geriebener Käse

für die Sauce:
50 g Butter
30 g Mehl
¼ l Milch
¼ l Sahne

◆ Die Pilze putzen und längs in dünne Scheiben schneiden. Eine Schüssel mit der halbierten Knoblauchzehe ausreiben. Pilze, Petersilie, ½ TL Salz und Öl hineingeben, alles vorsichtig vermischen. Vor dem Servieren mit Zitronensaft beträufeln und nochmals mischen. Auf Salatblättern anrichten.
Beilage: Schwarzbrot mit Butter

Champignonsalat
Mushroom Salad

für 4 Personen

250 g frische Champignons
1 Knoblauchzehe
2 TL gehackte Petersilie
60 ml Oliven- oder Erdnussöl
1 Zitrone (Saft)
Salatblätter

◆

Suppen
Soups

◆

◆ Den Spinat 8 bis 10 Minuten kochen. Abtropfen lassen und zurück in den Topf geben. Die Zwiebel in Ringe schneiden.
In einem zweiten Topf 30 g Butter zerlassen und die Zwiebelringe darin glasig dünsten. Maismehl unterrühren und einige Minuten weiterdünsten. Milch zugießen und unter Rühren aufkochen. 3 Minuten köcheln und über den Spinat geben.
In einer Schüssel Eigelb und Sahne verrühren, etwas Suppe zugießen und alles zurück in den Topf geben. Mit Muskat, Pfeffer und Salz abschmecken. Einige Minuten leicht erhitzen, jedoch nicht kochen.
Zum Servieren mit Croûtons oder Parmesan garnieren.

Variante:
Statt Milch, Eigelb und Mehl Hammel- oder Hühnerbrühe verwenden. Dann mit der Zwiebel auch etwas Knoblauch und Koriander dünsten. Zuletzt mit Sahne garnieren.

Spinatcremesuppe
Creamed Spinach Soup

für 4 Personen

500 g Spinat
1 kleine Zwiebel
Butter
30 g Maismehl
1 l Milch
2 Eigelb
3 EL Sahne
geriebene Muskatnuss
zum Garnieren: Croûtons
    oder geriebener
    Parmesankäse

◆ Den Kürbis schälen, entkernen und würfeln. Kartoffeln schälen und ebenfalls in Würfel schneiden.
In einem großen Topf Butter zerlassen und die Zwiebeln darin glasig dünsten. Kürbis sowie Kartoffeln hineingeben und etwa 10 Minuten dünsten. Brühe zugießen, mit Muskat, Pfeffer und Salz würzen. Etwa 25 Minuten kochen, bis Kürbis und Kartoffeln weich sind.
Durch ein Sieb passieren oder im Mixer pürieren. Zurück in den Topf geben, Sahne unterrühren, Zitronenschale zufügen. Nochmals abschmecken und erhitzen, jedoch nicht kochen.

Kürbissuppe kann an heißen Sommertagen auch kalt serviert werden.

Kürbissuppe
Pumpkin Soup

für 6 Personen

750 g Kürbis
250 g Kartoffeln
30 g Butter
2 gehackte Zwiebeln
1½ l Hühnerbrühe
geriebene Muskatnuss
¼ l Sahne
1 TL abgeriebene
    Zitronenschale

Suppe aus gebackenem Kürbis
Roast Pumpkin Soup

1½ Stunden Vorbereitungs-
und Kochzeit
für 6 Personen

½ Kürbis
3 EL Öl
1 EL gemahlener
  Kreuzkümmel
30 g Butter
½ gehackte Gemüsezwiebel
1 l Hühnerbrühe
gehackte Petersilie

◆ Den Kürbis schälen, entkernen und würfeln. Mit Öl übergießen, mit Kreuzkümmel bestreuen und im auf 180°C vorgeheizten Ofen etwa eine Stunde backen, bis er weich ist und karamellisiert – das verleiht der Suppe ihren besonderen Charakter.
In einem großen Topf Butter zerlassen und die Zwiebel etwa 10 Minuten darin weich dünsten. Den Kürbis zerkleinern, mit der Brühe in den Topf geben und aufkochen. Bei schwacher Hitze unter regelmäßigem Rühren etwa 5 Minuten kochen.
Die Suppe durch ein grobes Sieb streichen und mit Petersilie bestreut servieren.

Maissuppe mit Huhn
Chicken and Corn Soup

für 4 Personen

250 g Mais
150 g gekochtes
  Hühnerfleisch
2 Eiweiß
1200 ml Hühnerbrühe
nach Geschmack:
  ½ TL Sesamöl
1-2 TL Sherry
1-2 TL Maismehl

zum Garnieren:
1 EL gehackter Schinken
gehackte Petersilie

◆ Das Fleisch zerkleinern, die Eiweiß leicht schlagen und das Fleisch untermengen.
Die Brühe aufkochen, den Mais zufügen, mit Sesamöl, Sherry, Pfeffer und Salz würzen. Maismehl mit etwas Wasser vermischen, in die Brühe rühren, kurz aufkochen. Das Fleisch zugeben und erneut kurz aufkochen.
Mit Schinken und Petersilie garniert servieren.

Variante:
Das Hühner- durch Krabbenfleisch ersetzen.

◆ Die Pilze putzen und in Scheiben schneiden, einige besonders schöne für die Dekoration zur Seite legen.

In einer Kasserolle Butter zerlassen und die Zwiebel darin glasig dünsten. Die Pilze hinzufügen, mit Pfeffer und Salz würzen, etwa 5 Minuten dünsten. Kurz vor Ende der Kochzeit den Knoblauch zugeben.

Durch ein Sieb passieren oder im Mixer mit ⅛ l Brühe pürieren. In einem großen Topf Püree und restliche Brühe zum Köcheln bringen, eventuell einige Tropfen Tabascosauce oder Wein zufügen. Die zur Seite gelegten Pilzscheiben zugeben und einige Minuten köcheln.

Die vorgewärmte Sahne darüber gießen oder vorsichtig einrühren.

Heiß und mit Petersilie bestreut servieren.

Beilage: Croûtons

Champignon-cremesuppe
Cream of Mushroom Soup

für 8 Personen

350 g Champignons
120 g Butter
1 gehackte Zwiebel
1 gehackte Knoblauchzehe
1200 ml Hühnerbrühe
nach Geschmack:
    Tabascosauce oder
    100 ml Weißwein
⅛ l Sahne
gehackte Petersilie

◆ Den Känguruschwanz häuten, entfetten und in Stücke hacken. Sellerie und Möhre in Scheiben, die Zwiebel in Ringe schneiden.

In einem Topf Öl erhitzen und das Fleisch von allen Seiten darin anbraten. Gemüse zugeben und einige Minuten mitbraten. Brühe zugießen, mit Nelken, Muskat, Pfeffer und Salz würzen. Auf dem Herd oder im Backofen etwa vier Stunden kochen. Wenn nötig, weitere Brühe zugießen.

Das Fleisch herausnehmen, die Brühe klären und entfetten, Rückstände nicht weiter verwenden. Das Fleisch von den Knochen lösen und in mundgerechten Stücken zurück in den Topf geben. Abschmecken und nochmals aufkochen.

Mit Petersilie bestreut servieren.

Variante:
Während des Kochens nach Belieben Küchenkräuter und andere Gewürze zugeben: Thymian, Rosmarin, Petersilie, Lorbeerblatt oder Pfefferkörner.

Känguruschwanzsuppe
Kangaroo Tail Soup

4½ Stunden Vorbereitungs-
    und Kochzeit
für 4 Personen

1 kg Känguruschwanz
2 Stangen Sellerie
1 Möhre
1 Zwiebel
2 EL Öl
1½ l Fleischbrühe
2 Gewürznelken
geriebene Muskatnuss
gehackte Petersilie

Mulligatawny

2½ Stunden Vorbereitungs-
und Kochzeit
für 4 Personen

750 g Lammkoteletts oder
Rindfleisch
2 Möhren
1 grüner Apfel
200 g Rüben
1 Banane
2 EL Butter
1 gehackte Zwiebel
1 EL Currypulver
1-2 EL Mehl
1 Kräutersträußchen
(Lorbeerblatt, Sellerie und
Petersilie)
1-2 EL Zitronensaft
⅛ l Chutney
gekochter Reis

*Wie manch anderes Gericht kam diese Speise als An-
denken an die britische Kolonialzeit aus Indien nach
Australien.*

◆ Das Fleisch in einen Topf geben, mit kaltem
Wasser bedecken und langsam zum Kochen bringen. Eine Stunde bei schwacher Hitze köcheln, den
entstehenden Schaum abschöpfen.
Währenddessen die Möhren, den geschälten Apfel
und die Rüben würfeln, die Banane grob zerkleinern.
15 Minuten vor Ende der Kochzeit in einem zweiten Topf die Butter zerlassen, Zwiebel, Möhre,
Apfel und Rübe darin anbraten. Curry zufügen,
2 Minuten dünsten. Mehl unterrühren und weitere 2 Minuten dünsten.
Dem Fleischtopf etwas Brühe entnehmen und in
den Gemüsetopf rühren, aufkochen und binden
lassen. Dann alles in den Fleischtopf geben, einschließlich der Kräuter und der Banane. Weitere
90 Minuten köcheln, bis das Fleisch gar ist.
Das Fleisch herausnehmen, gegebenenfalls von
den Knochen lösen und zerkleinern. Das Kräutersträußchen entfernen. Das Fleisch zurück in den
Topf geben und nochmals erhitzen.
Mit Zitronensaft und Salz abschmecken, das Chutney zufügen. Auf warmem Reis servieren.

◆ Fisch und Meeresfrüchte in Häppchen schneiden. Den Sellerie hacken, Möhren und Porree in Scheiben schneiden. Die Tomaten häuten, klein schneiden und entkernen.

In einer Kasserolle Öl erhitzen, Zwiebeln, Knoblauch, Sellerie, Möhren, Porree und Tomaten darin dünsten, bis die Zwiebeln glasig sind. Brühe, Frühlingszwiebel, Orangenschale und Gewürze zugeben, nach Geschmack pfeffern und salzen. Aufkochen und 15 Minuten köcheln.

Wein zugießen, Fisch und Meeresfrüchte hinzufügen, gut verrühren und weitere 15 Minuten köcheln.

Mit Petersilie bestreut servieren.

Australische Bouillabaisse
Australian Bouillabaisse

für 4-6 Personen

1½ kg Fisch und
    Meeresfrüchte (Fischfilets,
    gekochtes Krabbenfleisch,
    geschälte Garnelen,
    Muscheln)
1 Stange Sellerie
2 Möhren
1 Stange Porree
4 Tomaten
3 EL Olivenöl
2 gehackte Zwiebeln
1 gehackte Knoblauchzehe
1½ l Fischbrühe oder Wasser
1 gehackte Frühlingszwiebel
1 ungespritzte Orange (abgeriebene Schale)
1 Lorbeerblatt
1 Thymianzweig oder ½ TL
    getrockneter Thymian
½ TL Safran
¼ l Weißwein
gehackte Petersilie

Fischchowder
Fish Chowder

für 4 Personen

900 g Kabeljaufilets
150 g Kasseler
Öl
1 fein gehackte Zwiebel
3 Tassen klein gewürfelte
  Kartoffeln
1 Tasse frische Brotkrumen
1 l Milch
¼ l Sahne
weißer Pfeffer
2 EL Butter

Chowder ist eine dicke Suppe aus verschiedenen Zutaten, meistens jedoch aus Fisch, Muscheln und Krabben oder aus Hummer mit Kartoffeln und anderem Gemüse, oft auf der Grundlage von Milch. »Chowder« stammt vom französischen »chaudière«, der Bezeichnung für einen großen und schweren Topf, in dem die Bauern und Fischer ihre Eintöpfe und Suppen zubereiten. Chowder sind auch in den USA sehr beliebt, vor allem in Neuengland, wo Muschelchowder eine Spezialität ist.

◆ Die Kabeljaufilets in kleine quadratische Stücke schneiden, das Kasseler würfeln.
In einer großen Pfanne etwas Öl erhitzen und das Kasseler bei mittlerer Hitze darin bräunen. Die Zwiebel zufügen und glasig werden lassen. Kartoffeln sowie ½ l Wasser zugeben, aufkochen und bei schwacher Hitze garen.
Die Kabeljaufilets hineingeben und etwa 5 Minuten köcheln, bis sie gar sind.
Vorsichtig Brotkrumen, Milch und Sahne dazugeben, mit Pfeffer abschmecken. Langsam erhitzen, jedoch nicht kochen. Butter unterrühren und heiß servieren.

Diese Suppe erhielt ihren Namen vom Hawkesbury River im Norden von Sydney, in dessen Mündung Austern geerntet werden.

◆ Die Austern abgießen, den Muschelsaft auffangen. Die Austern würfeln, mit 1 Tasse Muschelsaft in einen Topf geben und langsam bis zum Siedepunkt erhitzen. Anschließend in eine Schüssel gießen.

Milch, Sahne, Zwiebelring, in Scheiben geschnittenen Sellerie, Petersilie, Lorbeerblatt und Zitronenschale aufkochen, etwa 5 Minuten ziehen lassen und durchseihen.

In einem zweiten Topf Butter zerlassen, Mehl unterrühren, langsam die aromatisierte Milch einrühren. Bei schwacher Hitze weiterrühren, bis die Milch eindickt.

Mit Muskat, Pfeffer und Salz abschmecken. Die Austern mit Flüssigkeit zugeben.

In einer Terrine mit Schnittlauch bestreut servieren.

◆ In einer Kasserolle Butter zerlassen, Zwiebel mit Petersilie, Thymian und Lorbeerblatt darin andünsten. Mit Brandy und Wein ablöschen, auf die Hälfte einkochen.

Währenddessen das Fleisch aus den Krabben pulen, in kleine Stücke schneiden und zur Seite stellen. Die Schalen und Beine der Krabben in die Weinsauce geben, mit Brühe auffüllen und 30 Minuten köcheln.

Die Suppe durch ein feines Sieb oder ein Tuch in einen Topf abgießen. Das Krabbenfleisch hinzufügen. Geschlagene Eigelb mit Sahne und Madeira verrühren, unter ständigem Rühren in die Suppe geben und erhitzen, jedoch nicht kochen.

Austernsuppe Hawkesbury
Hawkesbury Oyster Soup

für 4 Personen

12 große Austern (frisch oder
   Konserve)
3 Tassen Milch
½ Tasse Sahne
1 Zwiebelring
1 Stange Sellerie
1 Petersilienstängel
1 Lorbeerblatt
2 Streifen Zitronenschale
30 g Butter
1 EL Mehl
geriebene Muskatnuss
gehackter Schnittlauch

Krabbensuppe
Crab Bisque

für 4 Personen

750 g Krabben
30 g Butter
1 gehackte kleine Zwiebel
einige Petersilienstängel
1 Zweig Thymian
1 Lorbeerblatt
1 EL Brandy
180 ml Weißwein
1 l Fischbrühe
2 Eigelb
⅛ l Sahne
1 EL Madeira

◆

Rindfleisch
Beef

◆

Jeder Australier und jeder Besucher wird irgendwann einmal eine solche Fleischpastete verspeisen, sei es in einem Restaurant oder an einem der Imbissstände auf dem Martin Place in der City von Sydney, wo man in der Mittagspause sein Lunch bekommt. Die Füllung, die ursprünglich lediglich aus Rindfleisch bestand, wird heutzutage variiert, etwa mit Gemüse, Curry und verschiedenen Fleischsorten.

◆ Fleisch und Nierchen in kleine Würfel schneiden.

In einem Topf Öl erhitzen und die Zwiebel darin glasig dünsten. Fleisch- und Nierchenwürfel zugeben, kräftig anbraten.

Brühe, Muskat, Worcestershiresauce und Petersilie zufügen, mit Pfeffer und Salz abschmecken. Zum Kochen bringen und bei mittlerer Hitze unter gelegentlichem Rühren etwa eine Stunde köcheln.

Das mit Wasser vermischte Mehl mit etwas Sauce anrühren, in den Topf geben und rühren, bis die Sauce eindickt. Nochmals abschmecken und abkühlen lassen.

Aus den Mürbeteiglagen sechs Pastetenschüsselchen formen: Mithilfe eines Tellers 20 cm große Kreise ausschneiden und den Rand nach oben biegen, so dass Gefäße mit einem Durchmesser von etwa 10 cm entstehen. Diese zu zwei Dritteln mit der abgekühlten Mischung füllen.

Aus den Blätterteiglagen sechs Deckel von etwa 11 cm Durchmesser ausschneiden. Die Ränder der Pasteten befeuchten, die Deckel darauf setzen und fest andrücken. Mit etwas Milch einpinseln und in der Mitte mit einem Messer einmal einschneiden, damit beim Backen der Dampf entweichen kann. Im heißen Ofen 25 bis 30 Minuten backen, bis der Teig knusprig und goldbraun ist.

Australische Fleischpastete
Australian Meat Pie

1½ Stunden Vorbereitungs- und Kochzeit
für 6 Personen

750 g mageres Rindfleisch zum Kochen
1 Lammnierchen
2 EL Öl
1 fein gehackte Zwiebel
375 ml Rinderbrühe
nach Geschmack: 1 TL geriebene Muskatnuss
1 EL Worcestershiresauce
1 TL gehackte Petersilie
1½ EL Mehl

für die Pasteten:
200 g Mürbeteig in Lagen
200 g Blätterteig in Lagen
Milch

Brodeln und Quietschen
Bubble and Squeak

für 3 Personen

450 g gekochtes Rindfleisch
300 g gekochte Kartoffeln
300 g gekochter Kürbis
300 g Kohl
2 EL Butter
1 fein gehackte Zwiebel

◆ Die gekochten Zutaten gegebenenfalls erkalten lassen. Das Fleisch zerkleinern, Kartoffeln und Kürbis zerdrücken, den Kohl fein hacken.
In einer großen Pfanne Butter zerlassen und die Zwiebel darin anbräunen. Kartoffeln, Kürbis und Kohl zugeben, unter ständigem Rühren braten, bis die Kartoffeln knusprig werden.
Das Fleisch beifügen, mit Pfeffer und Salz würzen, alles verrühren. Einige weitere Minuten braten, bis die Unterseite eine braune Farbe annimmt. Wenden und die andere Seite braten.

Reisetaschen-Steak
Carpetbag Steak

für 4-6 Personen

1 großes, zartes Rumpsteak
  (800 g, etwa 4 cm stark)
18-24 Austern (je nach
  Größe)
Zitronensaft
Öl
30 g Butter
6 Tomaten
zum Garnieren:
  Brunnenkresse

Als »carpet bag« (Teppichtasche) wird in Australien eine Reisetasche aus gemustertem Stoff bezeichnet.

◆ Das Steak 30 Minuten bei Raumtemperatur ruhen lassen. Von einer langen Seite her so tief wie möglich einschneiden und gleichzeitig nach beiden Enden erweitern, so dass eine Art Tasche entsteht. Die Austern mit etwas Zitronensaft beträufeln, mit Pfeffer und Salz würzen. In das Steak stecken und die Öffnung mit Rouladennadeln gut verschließen.
Den Grill stark erhitzen, den Rost mit Öl einpinseln. Das Steak darauf legen, mit der Hälfte der Butter bestreichen und etwa 8 cm unterhalb der Grillspirale bei 200 °C von beiden Seiten jeweils etwa 10 Minuten grillen. Beim Wenden die andere Seite mit der restlichen Butter bestreichen. Für ein gut durchgegartes Steak die Temperatur auf 170 °C reduzieren und weitere 5 Minuten pro Seite grillen. Währenddessen die halbierten oder in Scheiben geschnittenen Tomaten grillen.
Ist das Steak fertig, die Nadeln entfernen, mit Pfeffer und Salz würzen. Zum Servieren diagonal und quer zur Faser in etwa 3 cm starke Scheiben schneiden. Mit gegrillten Tomaten und Brunnenkresse garnieren.
Beilagen: Kartoffeln, grünes Gemüse (Bohnen, Broccoli) oder grüner Salat

◆ Das Kalbsbries mehrere Stunden in Salzwasser ziehen lassen, dabei das Wasser gelegentlich wechseln. Anschließend mit kochendem Salzwasser überbrühen, bis das Bries fest ist, und abkühlen lassen.

Das Ei verschlagen, Mehl mit Pfeffer und Salz vermischen. Das Bries in dicke Scheiben schneiden, in Ei und Mehl wenden. In einer Pfanne Butter sowie Öl erhitzen und das Bries von beiden Seiten jeweils etwa 3 Minuten darin braten. Herausnehmen und auf einer Platte anrichten.

Währenddessen für die Sauce in einem kleinen Topf Butter zerlassen, mit wenig Pfeffer und Salz abschmecken, leicht bräunen. Den Topf vom Herd nehmen und Zitronensaft einrühren. Sofort über das Kalbsbries geben und servieren.

Paniertes Kalbsbries
Crumbed Sweetbreads

mehrere Stunden wässern
für 4 Personen

500 g Kalbsbries
1 Ei
Mehl
60 g Butter
1 EL Öl

für die Sauce:
150 g Butter
1 Zitrone (Saft)

◆ Die Steaks in der Mitte waagerecht aufschneiden, ohne sie ganz zu durchtrennen, und aufklappen wie ein Buch. Mit dem Fleischklopfer auf eine Stärke von 6 bis 7 mm bringen, mit Pfeffer würzen. In einer großen Pfanne die Hälfte der Butter zerlassen und zwei Steaks bei großer Hitze von beiden Seiten je 1 Minute darin braten. Jeweils die Hälfte Worcestershiresauce, Knoblauch und Petersilie zugeben, mit Salz würzen.

Mit den beiden anderen Steaks auf gleiche Weise verfahren.

Steak Diane

für 4 Personen

4 Scheiben Filetsteak
   (etwa 2,5 cm stark)
50 g Butter
1 EL Worcestershiresauce
2 gehackte Knoblauchzehen
2 EL gehackte Petersilie

**Gefüllter
Nierenpudding**
*Steak and Kidney
Pudding*

4 Stunden Vorbereitungs-
und Kochzeit
für 4 Personen

250 g Mehl
2 TL Backpulver
120 g klein gehacktes
Nierenfett
gehackte Petersilie

für die Füllung:
500 g Rinderkamm
120 g Rinder- oder
Lammniere
1 EL Mehl
1 gehackte Zwiebel
3 EL Rinderbrühe

◆ Mehl, Backpulver und 1 TL Salz in eine Schüssel sieben, das Nierenfett zugeben und mit ⅛ l kaltem Wasser zu einem festen Teig verarbeiten. Eine Kugel formen und zugedeckt etwa 10 Minuten ruhen lassen. Den Teig leicht kneten, zwei Drittel ausrollen, eine Pastetenform (15 cm Durchmesser und ebenso hoch) damit auskleiden.

Für die Füllung das Fleisch würfeln. Die Niere enthäuten, die Harnstränge entfernen. Die Niere gut wässern und in kleine Stücke schneiden. Mehl mit Pfeffer und Salz vermischen, Fleisch und Niere darin wenden. Mit der Zwiebel in die Pastetenform geben und mit Brühe übergießen.

Den restlichen Teig kreisförmig ausrollen. Den Rand der Pastete befeuchten, die Deckel darauf setzen und fest andrücken. Mit eingefettetem Pergamentpapier und Aluminiumfolie zudecken, die unter dem Rand der Form festgebunden werden. Die Pastete in einen großen Topf auf einen Teller stellen und den Topf bis zu drei Viertel der Höhe der Form mit warmem Wasser füllen. Den Topf zudecken und die Pastete drei bis dreieinhalb Stunden dämpfen. Wenn nötig, heißes Wasser zugießen.

Ist die Pastete gar, Papier und Folie entfernen. Mit Petersilie bestreut servieren.

◆ Für den Pudding aus Mehl, Milch, Eiern und Salz einen Teig schlagen. Kühl stellen.

Die Fettseite des Fleisches mit Pfeffer und Salz einreiben. Das Stück mit dieser Seite nach oben in eine Pfanne auf ein flaches Gitter legen, damit das Fleisch nicht anhängt – wenn das Stück nicht selbst eine Art Rost formt wie Hochrippe. Ist das Fleisch sehr mager, etwas Fett zugeben. Das Gemüse in Stücke schneiden.

Das Fleisch im auf etwa 170 °C vorgeheizten Ofen braten – je 500 g etwa 30 Minuten. Mit Gemüse umgeben, das beim Mitbraten einen Teil der Bratensäfte aufnimmt.

Nach etwa einer Stunde das Fleisch herausnehmen. Mit einer Mischung aus Estragon, Senf sowie zerdrücktem Knoblauch bestreichen und im Ofen fertig garen.

Den Braten auf eine vorgewärmte Platte legen und 15 bis 30 Minuten warm stellen, damit er sich besser schneiden lässt. Das Gemüse erneut einige Minuten in den Ofen schieben, um eine knusprige Oberfläche zu erhalten. 2 EL Bratenflüssigkeit abschöpfen und für den Pudding zur Seite stellen.

Währenddessen den Puddingteig nochmals schlagen. ½ bis 1 TL Bratenflüssigkeit in jedes Förmchen geben und im Ofen erhitzen. Wenn das Fett zu rauchen beginnt, die Formen zu zwei Dritteln mit Teig füllen und bei 200 °C etwa 20 Minuten backen, bis er aufgeht und eine goldbraune Farbe annimmt. Die Temperatur reduzieren und weitere 10 Minuten trocknen lassen.

Für die Sauce Mehl in die restliche Bratenflüssigkeit einrühren, erhitzen und leicht bräunen. Nacheinander die übrigen Zutaten unterrühren und aufkochen. Eindicken lassen und abgießen.

Den Braten in Scheiben schneiden, mit Sauce und Yorkshire-Pudding sowie dem gebratenen Gemüse als Beilage servieren.

Roastbeef mit Yorkshire-Pudding
Roastbeef with Yorkshire Pudding

2 Stunden Vorbereitungs-
    und Kochzeit
für 4-6 Personen

1½ kg Roastbeef oder 3 kg
    Hochrippe vom Rind
eventuell ausgelassenes
    Rinderfett oder Öl
500 g Gemüse (Kartoffeln,
    Zwiebeln, Möhren,
    Kürbis)
1-2 EL gehackter frischer
    Estragon
2 TL Senfkörner oder Senf
2 Knoblauchzehen

für die Sauce:
1 EL Mehl
300 ml Rinderbrühe
2 EL trockener Rotwein
3 TL Worcestershiresauce

für den Yorkshire-Pudding:
125 g Mehl
¼ l Milch
2 Eier

8-12 kleine
    Pastetenförmchen

Currytopf mit Kokosnuss
Coconut Curry

für 4 Personen

500 g Rind, Lamm oder
   Hühnchen
1 große Zwiebel
1 EL Öl
1 gehackte Knoblauchzehe
2 EL Currypulver
150 ml Kokosmilch oder
   Kokossahne (Konserve)
zum Garnieren: frische
   Korianderblätter

◆ Das Fleisch in Stücke, die Zwiebel in Ringe schneiden.
In einer Pfanne Öl erhitzen, Zwiebelringe und Knoblauch darin bräunen. Das Fleisch zugeben und gut anbraten, Curry einrühren. Die Kokosmilch mit ¼ l Wasser unterrühren, zum Kochen bringen und dünsten, bis das Fleisch gar ist und die Sauce die gewünschte Konsistenz erreicht hat.
Mit Salz abschmecken und mit Koriander garnieren.
Beilage: Reis

Variante:
Einen Teil des Fleischs durch Fischfilet ersetzen. Da Fisch sehr schnell gar wird, ihn erst zugeben, wenn das Fleisch bereits gar ist.

Rinderschmortopf mit Herzoginkartoffeln
Beef Casserole with Duchess Potatoes

2 Stunden Vorbereitungs-
   und Kochzeit
für 6 Personen

750 g Nackensteak vom Rind
4-5 Kartoffeln
5 Tomaten
1 Ei
3 EL Mehl
1 EL Olivenöl
250 g Mais (Konserve)
¼ l Rinderbrühe
1 EL Worcestershiresauce
300 g Blumenkohlröschen
300 g Broccoliröschen

◆ Kartoffeln schälen und würfeln, Tomaten häuten und vierteln, das Ei schlagen. Das Fleisch von Fett befreien, in 3 cm große Würfel schneiden und in Mehl wenden.
In einem Topf Öl erhitzen, das Fleisch darin anbraten und bräunen. Tomaten, Mais, Brühe sowie Worcestershiresauce unterrühren und alles in einen Schmortopf geben. Im auf 160 °C vorgeheizten Ofen zugedeckt zwei Stunden schmoren, dabei gelegentlich umrühren.
Währenddessen die Kartoffeln weich kochen, abgießen und mit dem Ei zu Kartoffelbrei stampfen. Salzen und mit einem Spritzsack mit gezackter Düse makronenförmig auf das eingefettete Backblech spritzen. Im auf 220 °C vorgeheizten Ofen 15 bis 20 Minuten goldbraun backen.
Währenddessen Blumenkohl und Broccoli etwa 8 Minuten dämpfen.
Den Rinderschmortopf mit Gemüse und Herzoginkartoffeln servieren.

Historische Postkarte.

Historische Postkarte.

◆ Das Fleisch von Fett befreien und in 2 bis 3 cm große Würfel schneiden. Die Pilze putzen und vierteln, Möhren und Zucchini in dünne Streifen schneiden. Den Bacon hacken, die Perlzwiebeln schälen.

In einem Topf Bacon und Perlzwiebeln 5 Minuten dünsten. Das Fleisch zugeben, anbraten und bräunen. Die Temperatur reduzieren, Champignons zufügen, mit Wein ablöschen und Steaksauce zugeben. Zugedeckt unter gelegentlichem Rühren etwa zwei Stunden schmoren. Wenn nötig, heißes Wasser zugießen.

Kurz vor Ende der Schmorzeit die Vol-au-vents im Ofen aufbacken. Die Möhrenstreifen 8 Minuten dämpfen, die Zucchini 4 Minuten.

Maismehl mit etwas Wasser vermischen und in die Fleisch-Pilz-Mischung rühren. Aufkochen, umrühren und eindicken lassen. Mit einem Löffel in die Vol-au-vents füllen.

Mit den Gemüsestreifen als Dekoration oder Beilage servieren.

Rindfleischpastetchen mit Champignons
Beef and Mushroom Pies

2 Stunden Vorbereitungs-
   und Kochzeit
für 6 Personen

750 g magere Rinderhachse
250 g Champignons
400 g Möhren
400 g Zucchini
2 Scheiben Bacon
8 Perlzwiebeln
180 ml Rotwein
60 ml Würzsauce für Steaks
4 Vol-au-vents
   (Blätterteighüllen)
2 EL Maismehl

Rumpsteak
mit Cäsarsalat
Beef and Caesar Salad

für 4 Personen

4 Rumpsteaks, Roastbeefs
   oder Rinderfilets (insgesamt 500 g)
30 g schwarze Pfefferkörner
30 g Senfkörner

für den Salat:
1 Knoblauchzehe
160 ml Olivenöl
⅛ l Zitronensaft
1 EL Weinessig
1 Ei
Blätter von Römischem Salat
   (Sommerendivien)
geriebener Parmesankäse
Croûtons

◆ Für den Salat eine Schüssel mit der halbierten Knoblauchzehe ausreiben. Öl, Zitronensaft, Essig und Ei hineingeben, mit Schneebesen oder Gabel verschlagen. Den Salat darin wenden, mit Parmesan und Croûtons bestreuen.
Pfeffer- und Senfkörner in einer Pfeffermühle oder einem Mörser grob zerkleinern. Die Steaks von beiden Seiten damit bedecken.
In einer leicht eingefetteten gusseisernen Pfanne oder auf einem Grill die Steaks von beiden Seiten jeweils 3 Minuten braten – das entspricht der Stufe »blutig«; für die Stufen »medium« oder »durch« jeweils weitere 3 Minuten pro Seite veranschlagen. Die Steaks im Ganzen oder quer zur Faser in Scheiben geschnitten mit dem Salat servieren.

◆ Für die Sauce Petersilie und Kapern mit etwas Zitronensaft pürieren. Dabei nach und nach 3 EL Öl zugeben. Etwas Zitronensaft über die Steaks träufeln.

In einer leicht eingefetteten gusseisernen Pfanne oder auf einem Grill die Steaks von beiden Seiten jeweils etwa 3 Minuten braten – das entspricht der Stufe »blutig«; für die Stufen »medium« oder »durch« jeweils weitere 3 Minuten pro Seite veranschlagen.

Die Auberginen mit Öl bestreichen und mit den Steaks 1 bis 2 Minuten von jeder Seite braten. Die Steaks waagerecht halbieren und im Wechsel mit den Auberginenscheiben auf Tellern anordnen. Die Sauce getrennt dazu reichen.

Beilage: gegrilltes oder kurz gebratenes Gemüse (Paprika, Zucchini)

Die Sauce kann bereits am Vortag zubereitet werden.

Steak und Aubergine mit Salsa verde
Steak and Eggplant with Salsa Verde

für 4 Personen

4 Rinderlenden
 (insgesamt 500 g)
Zitronensaft
8 große Scheiben Aubergine
Olivenöl

für die Sauce:
1 kleines Bund Petersilie
1 EL Kapern
Zitronensaft
3 EL Olivenöl

◆ Chili, Knoblauch und Ingwer fein hacken und mit den übrigen Zutaten und ⅛ l Wasser gut verrühren. Die Steaks etwa 30 Minuten darin marinieren, jedoch nicht länger als eine Stunde.

Diese Marinade hat einen asiatischen Ursprung und passt am besten zu gedämpftem chinesischem Gemüse wie Chinakohl oder Broccoli. Die marinierten Steaks sollten über Holzkohle gegrillt werden, damit der Geschmack richtig zur Geltung kommt.

Marinade für Barbecuesteak
BBQ Steak Marinade

für 4-6 Steaks von 200-250 g

1 rote Chilischote
4 Knoblauchzehen
50 g Ingwer
⅛ l Honig
⅛ l Sojasauce
⅛ l trockener Sherry

◆

Lamm
Lamb

◆

Die »Kolonistengans« ist kein echtes Federvieh, sondern eine teilweise entbeinte und gefüllte Lammschulter. Das Schulterblatt wird entfernt, der Armknochen jedoch nicht. Wenn alles gelingt, sieht das Gericht wie eine Gans aus, mit nach hinten geneigtem Hals und Kopf, eben dem verbleibenden Knochen. In den Anfängen der Kolonie war Gans ein sehr seltenes Geflügel, und nur wenige konnten sich einen solchen Braten leisten. Lamm dagegen gab es in Hülle und Fülle. Wem die Lammschulter zu schwierig erscheint, kann auch eine Keule nehmen, in der der untere Knochen verbleibt und so einen liegenden Gänsehals bildet.

◆ Für die Füllung alle Zutaten miteinander verrühren, mit Zitronensaft abschmecken. Die Füllung in den Hohlraum der Schulter stopfen und die Öffnung mit Zwirn vernähen. Den aus dem Fleisch herausragenden Armknochen etwas nach hinten biegen, ohne ihn herauszulösen, und am besten mit Zwirn in dieser Lage befestigen. Die Schulter in eine große Glasschüssel oder einen Topf legen.
Für die Marinade alle Zutaten miteinander vermischen und darüber gießen. Die Schüssel zudecken und acht Stunden ziehen lassen, am besten im Kühlschrank, dabei gelegentlich wenden.
Anschließend die Schulter in einen Schmortopf auf ein flaches Gitter legen, damit das Fleisch nicht anhängt, ¼ Tasse Marinade zur Seite stellen. Zwiebel, Möhre und Sellerie in Scheiben schneiden, mit dem Wein zugeben. Bei etwa 180 °C anderthalb bis zwei Stunden schmoren. Wenn nötig, ab und zu weiteren Wein oder Wasser zugießen.
Ist die Schulter gar, sie auf eine vorgewärmte Platte geben und vor dem Zerteilen 15 Minuten warm stellen.
Die Stärke mit Wasser verrühren. Den Bratensatz mit der Marinade ablöschen, durchseihen, entfetten und mit der Stärke binden. Die Sauce getrennt dazu reichen.

Kolonistengans
Colonial Goose

8 Stunden marinieren,
 2 Stunden Vorbereitungs-
 und Kochzeit
für 4-6 Personen

1 Lammschulter ohne
 Knochen (etwa 2 kg)
1 Zwiebel
1 Möhre
1 Stange Sellerie
¼ l Wein
2 TL Stärke

für die Füllung:
30 g zerlassene Butter
1 fein gehackte Zwiebel
1 zerdrückte Knoblauchzehe
2 Tassen weiche
 Weißbrotkrumen
frische Kräuter (Petersilie,
 Thymian, Salbei und
 Majoran)
2 geschlagene Eier
½ TL Pfeffer
½ TL Salz
Zitronensaft

für die Marinade:
2 grob gehackte Möhren
2 gehackte Zwiebeln
1 Lorbeerblatt
3 Petersilienstängel
1 gehackte Stange Sellerie
¼ l trockener Weiß- oder
 Rotwein
1 EL schwarze Pfefferkörner

Gefüllte Lammherzen
Casseroled Stuffed Lamb Hearts

2 Stunden Vorbereitungs-
und Kochzeit
für 4 Personen

4 Lammherzen
1 Tasse Mehl
60 g Schmalz
2 Zwiebeln
3 Möhren
1 kleine Rübe
gehackte Petersilie

für die Füllung:
1 gehackte Scheibe Bacon
2 TL gehackte Petersilie
1 Tasse Brotkrumen
½ TL gemischte Kräuter
etwas Milch

◆ Für die Füllung alle Zutaten miteinander vermischen, mit Salz abschmecken. Die Herzen mit
der Mischung füllen, in Mehl wenden.
In einer Pfanne Schmalz erhitzen und die Herzen
darin kräftig braten. Anschließend herausnehmen.
½ Tasse Mehl in die Pfanne rühren und 2 Minuten
erhitzen. Langsam 600 ml Wasser einrühren und
zum Kochen bringen. Die Temperatur reduzieren
und weiterrühren, bis die Sauce eindickt.
Zwiebeln in Ringe, Möhren in Scheiben und die
Rübe in Würfel schneiden. Die Herzen in einen
Schmortopf legen. Zwiebelringe, Möhren, Rübe
und Petersilie zufügen, mit Sauce übergießen. Alles
bei mittlerer Hitze etwa 90 Minuten schmoren, bis
Gemüse und Fleisch gar sind.

Lammleber mit Bacon
Lamb's Fry and Bacon

1 Stunde wässern
für 4 Personen

1 Lammleber
2 EL Mehl
4 Scheiben Bacon
Schmalz
zum Garnieren: einige
   Petersilienstängel

◆ Die Lammleber etwa eine Stunde in Wasser ziehen lassen. Sorgfältig enthäuten, große Adern entfernen und in 1 cm starke Scheiben schneiden. Mit
Küchenpapier trockentupfen. Mehl mit je ½ TL
Pfeffer und Salz vermischen, die Leber darin
wenden.
In einer Kasserolle den Bacon nach Belieben an-
oder ausbraten. Herausnehmen und warm stellen.
Dem ausgebratenen Fett gegebenenfalls noch etwas Schmalz beifügen und die Leber bei mittlerer
Hitze von beiden Seiten je 5 Minuten braten, bis sie
zart ist.
Auf einer Platte mit den Baconscheiben anrichten
und mit Petersilienstängeln garnieren.
Beilagen: Kartoffelbrei, gebratene Tomaten und
grünes Gemüse (Bohnen, Broccoli).

◆ Die Nierchen enthäuten, die Harnstränge entfernen. Die Nierchen gut wässern und in dünne Scheiben schneiden.

In einer Kasserolle Butter zerlassen und die Zwiebel darin anbräunen. Die Nierchen zugeben und anbraten.

Saucen, Senf, Chutney, Pfeffer und Salz vermischen, ebenfalls in die Kasserolle geben. Unter Rühren bei mittlerer Hitze kochen, bis das Ragout sämig wird.

Als Frühstück auf Toast oder als Hauptgericht mit Petersilie bestreut servieren.

Lammnierchen scharf gebraten
Devilled Kidneys

für 4 Personen

6 Lammnierchen
60 g Butter
1 fein gehackte kleine
    Zwiebel
2 EL Tomatensauce
2 TL Worcestershiresauce
1 TL Senfpulver
1 TL Chutney
4 Scheiben Toast oder
    gehackte Petersilie

◆ Die Koteletts mit Kurrajongmehl bestäuben und in geschlagenem Ei wenden. Zwei Koteletts mit Wattle und zwei mit Nüssen panieren. Öl sowie Butter erhitzen und die Koteletts darin braten – sind die Macadamia-Koteletts goldbraun, so sind auch die mit Wattlepanade gar. Anschließend im Ofen bei 250°C etwa 5 Minuten ruhen lassen.

Für die Sauce in einem heißen Wasserbad Eigelb und Wein miteinander verschlagen. Butter und gehackten Zitronenteebaumstängel unter Schlagen zugeben.

Die Koteletts mit etwas Sauce servieren oder in einem Kännchen getrennt dazu reichen.

Beilage: verschiedene Gemüse der jeweiligen Jahreszeit

Lammkoteletts im Duett
Lamb Cutlet Duet

für 2 Personen

4 Lammkoteletts
¼ Tasse Kurrajongmehl
1 Ei
1 EL Wattle
¼ Tasse fein gehackte
    Macadamianüsse
Macadamianussöl
1 EL ungesalzene Butter

für die Sauce:
3 Eigelb
2 TL Weißwein
250 g Butter
1 Stängel des
    Zitronenteebaumes

Lammkeule mit Pfefferkruste
Roast Lamb with Pepper Corn Crust

am Vortag beginnen,
  2 Stunden Vorbereitungs-
  und Kochzeit
für 6-8 Personen

1 Lammkeule ohne Knochen
2 EL Dijoner Senf
3 EL Pfefferkörner (weiß,
  schwarz und grün)

für die Marinade:
1 EL fein gehackte
  Rosmarinblätter
6 zerdrückte
  Knoblauchzehen
⅛ l Weinessig
60 ml Sojasauce
⅛ l trockener Rotwein

◆ Für die Marinade alle Zutaten miteinander vermischen und die Lammkeule über Nacht darin ziehen lassen.
Am nächsten Tag Senf und gestoßenen Pfeffer verrühren, die Lammkeule damit bestreichen. Im auf 180 °C vorgeheizten Ofen etwa 90 Minuten backen. Herausnehmen, 15 Minuten warm stellen und zerlegen.

107

Ein traditionelles Gericht, das seit den Zeiten der ersten englischen Siedler gerne zubereitet wird.

◆ Die Lammkeule mit Pfeffer sowie Gewürzen nach Geschmack einreiben und in einen Bräter auf ein flaches Gitter legen, damit das Fleisch nicht anhängt. Bei 210 °C anderthalb bis zwei Stunden backen, dabei gelegentlich wenden.

Für die Pfefferminzsauce Minze, Zucker und 2 EL kochendes Wasser in ein Kännchen geben, zudecken und abkühlen lassen. Eine Prise Salz und Essig zufügen, gut rühren.

Kartoffeln, Kürbis und Zwiebeln in große Würfel oder Stücke schneiden und eine Stunde vor Ende der Kochzeit zum Fleisch geben. Mehrmals mit Fett übergießen, zuletzt leicht mit Pfeffer und Salz bestreuen. Auf einem vorgewärmten Teller zur Seite stellen.

Die Lammkeule mit Salz würzen, vor dem Anschneiden 15 Minuten warm stellen. Mit Petersilie bestreuen.

Für die Bratensauce die Bratenflüssigkeit bis auf etwa 2 EL Fett abgießen. In einer Pfanne mit Mehl verrühren, erhitzen und bräunen, 150 ml Wasser zugießen und aufkochen.

Servieren und beide Saucen getrennt dazu reichen.

Gebratene Lammkeule mit Pfefferminzsauce
Roast Leg of Lamb

2 Stunden Vorbereitungs- und Kochzeit
für 4-6 Personen

1 Lammkeule (etwa 2 kg)
Gewürze (Kräuter, Knoblauch, Rosmarin)
500 g Kartoffeln
500 g Kürbis
4 große Zwiebeln
gehackte Petersilie
2 EL Mehl

für die Sauce:
3 EL klein gehackte Minzeblätter
2 EL Zucker
⅛ l Essig

Süßer Lammcurry
Sweet Lamb Curry

für 4 Personen

500 g Lamm- oder
    Rinderbraten
1 Apfel (Granny Smith)
30 g Butter
1 gehackte Zwiebel
1 EL Currypulver
300 ml Rinderbrühe
2 TL Zucker
1 EL Sultaninen oder
    Rosinen
1 EL Fruchtchutney
    (Seite 119)
1 EL Zitronensaft
gehackte Petersilie

◆ Das Fleisch würfeln. Den Apfel schälen und in kleine Würfel schneiden.

In einem Topf Butter zerlassen und die Zwiebel darin weich dünsten. Apfel und Curry hinzufügen, 3 Minuten unter ständigem Rühren dünsten.

Brühe, Zucker, Sultaninen, Chutney und 1 TL Salz zugeben, 15 Minuten köcheln.

Das Fleisch einrühren, den Topf zudecken und alles vorsichtig 10 Minuten dünsten, jedoch nicht kochen.

Zuletzt den Zitronensaft untermischen. Mit Petersilie bestreut servieren.

Beilage: Reis, der ringförmig um das Lammcurry angeordnet wird

Variante:
Den Zucker durch eine in Scheiben geschnittene Banane und 1 EL Pflaumenmus ersetzen.

Schäferpastete
Shepherd's Pie

für 4 Personen

500 g gebratenes Lamm
1 Stange Sellerie
60 g Butter
1 fein gehackte Zwiebel
1 gehackte Knoblauchzehe
1 EL Mehl
Rinderbrühe und
    Bratensauce vom Lamm
    (insgesamt 300 ml)
2 EL gehackte Petersilie
500 g Kartoffelbrei
geriebene Muskatnuss
4 Scheiben Bacon

◆ Das Fleisch von Fett befreien und in kleine Würfel, den Sellerie in Scheiben schneiden.

In einem Topf die Hälfte der Butter zerlassen, Zwiebel, Knoblauch und Sellerie bei schwacher Hitze 10 Minuten darin dünsten.

Das Mehl einrühren und leicht anbräunen. Brühe und Bratensauce zugießen, rühren und aufkochen. Das Lamm sowie die Hälfte der Petersilie zugeben, den Topf vom Herd nehmen. Mit Pfeffer und Salz abschmecken.

Den Kartoffelbrei zubereiten und mit Muskat abschmecken. Den Bacon knusprig braten, zerkleinern und untermischen. Die Wände einer Pastetenform mit Kartoffelbrei auskleiden, das Lamm hineingeben und mit restlichem Kartoffelbrei bedecken. Mit einem Messer glatt streichen, mit einer Gabel verzieren. Butterflocken darauf setzen.

Im auf 190 °C vorgeheizten Ofen etwa 30 Minuten backen, bis der Kartoffelbrei gebräunt ist.

Mit der restlichen Petersilie bestreut servieren.

Beilagen: gedünstetes grünes Gemüse, gekochte Möhren oder Kürbis

»Lamm Bendigo« ist ein Gericht aus der Zeit des Goldrausches um die Mitte des 19. Jahrhunderts, als chinesische Digger ihre Spuren hinterließen, benannt nach der Stadt Bendigo in Victoria, wo 1851 eine der reichsten Lagerstätten Australiens entdeckt wurde.

◆ Das Lammstück mit der Fettseite nach oben in eine Pfanne legen. Die übrigen Zutaten in einen Topf geben, aufkochen und über das Lamm gießen.
Im auf 180 °C vorgeheizten Ofen etwa eine Stunde braten, bis das Lamm gar ist und glasiert wirkt. Dabei regelmäßig mit Bratensauce begießen. Wenn nötig, weitere Brühe zugießen.
Beilagen: Reis, Zuckererbsen oder kurz gebratener Spinat

Lamm Bendigo
Rack of Lamb Bendigo

für 4 Personen

1 Rippenstück vom Lamm
  mit 8 Koteletts
¼ l Hühnerbrühe
1 gehackte Knoblauchzehe
1 EL Honig
1 EL brauner Zucker
2 EL trockener Sherry
2 EL Sojasauce
1 TL gemahlener Ingwer

◆ Koteletts und Steaks von Fett befreien. Die Nierchen enthäuten, die Harnstränge entfernen, die Nierchen gut wässern. Pilze putzen und trockentupfen, Tomaten halbieren. Pilze und Tomaten pfeffern, salzen sowie mit Butter beträufeln.
Den Grill vorheizen und das Blech mit Öl einfetten. Koteletts, Steaks, Würstchen und Tomaten darauf legen und grillen, bis das Fleisch braun und knusprig ist. Alles wenden, Champignons sowie Nierchen zugeben und diese nach 2 Minuten wenden.
Die Zutaten herunternehmen, sobald sie den gewünschten Grillgrad erreicht haben. Koteletts, Steaks und Nierchen mit Pfeffer und Salz würzen, alles auf einer vorgewärmten Platte oder Tellern anordnen. Das Fleisch mit Butterflocken garnieren und mit Petersilie bestreut servieren.
Beilagen: Kartoffeln und Gemüse oder Brot und Salat

Australischer Grillteller
Australian Mixed Grill

für 4 Personen

4 Lendenkoteletts vom
  Lamm
4 Scheiben Rumpsteak
4 Lammnierchen
4 Würstchen (Wiener)
8 große Champignons
4 feste Tomaten
zerlassene Butter
Öl

zum Garnieren:
Butter
gehackte Petersilie

Lammschmortopf mit Gemüse
Lamb and Vegetable Casserole

2 Stunden Vorbereitungs-
und Kochzeit
für 4-6 Personen

750 g Nackenkoteletts vom
  Lamm
250 g Zucchini
3 Tomaten
1 große Zwiebel
je 1 rote und grüne
  Paprikaschote
1 EL Mehl
1 EL Öl
1 gehackte Knoblauchzehe
2 EL Tomatenmark
¼ l Fleischbrühe oder Wasser
1 Tasse Erbsen
gehackte Petersilie

◆ Das Fleisch von Fett und Sehnen befreien. Zucchini in Scheiben, Tomaten in Würfel, Zwiebel in Ringe schneiden. Die Paprika halbieren und entkernen, das weiße Fruchtfleisch entfernen, die Schote in Streifen schneiden. Mehl mit Pfeffer und Salz vermischen, das Fleisch darin wenden.
In einer schweren Kasserolle Öl erhitzen und das Fleisch darin anbraten. Herausnehmen und in einen Schmortopf legen. Zwiebel und Knoblauch in der Kasserolle bei schwacher Hitze weich dünsten. Paprika zufügen und 2 Minuten dünsten. Tomatenmark, Tomaten und Brühe zugeben, kurz erhitzen und verrühren. Zum Fleisch in den Schmortopf geben. Im Ofen bei 180 °C etwa anderthalb Stunden schmoren. Zucchini sowie Erbsen zugeben und weitere 30 Minuten schmoren.
Aus dem Schmortopf mit Petersilie bestreut servieren.
Beilagen: gebackene Kartoffeln und grünes Gemüse

Irischer Schmortopf
Irish Stew

2 Stunden Vorbereitungs-
und Kochzeit
für 4 Personen

4 Hals- oder Nackenstücke
  vom Lamm (etwa 800 g)
4 große Kartoffeln
2 große Zwiebeln
2 EL Mehl
2 EL gehackte Petersilie

◆ Das Fleisch von Haut, Knorpel und Fett befreien. Die Kartoffeln in dicke Scheiben, die Zwiebeln in Ringe schneiden.
Mehl mit Pfeffer und Salz vermischen, das Fleisch darin wenden. Den Boden eines Schmortopfes mit einem Drittel der Zwiebeln bedecken, zwei Lammstücke darauf legen. Eine zweite Schicht Zwiebeln darüber geben, dann die anderen beiden Fleischstücke und zuletzt die restlichen Zwiebeln. Alles vorsichtig mit kaltem Wasser gerade bedecken und den Topf schließen. Im auf 160 °C vorgeheizten Ofen etwa 75 Minuten schmoren.
Den Topf kurz aus dem Ofen nehmen, die Kartoffelscheiben auf das Fleisch legen und alles weitere 45 Minuten schmoren.
Aus dem Schmortopf mit Petersilie bestreut servieren.
Beilage: gemischtes Gemüse

Ein berühmtes Eintopfgericht, das aus dem alten England nach Australien gelangte und sich durch eine Schicht knuspriger, brauner Kartoffelscheiben zuoberst auszeichnet. Ursprünglich enthielt es Austern, da diese im Australien des 19. Jahrhunderts im Überfluss auf dem Markt und preiswert waren.

◆ Das Fleisch von Fett befreien und grob würfeln. Die Nierchen enthäuten, die Harnstränge entfernen. Die Nierchen gut wässern und in dünne Scheiben schneiden. Kartoffeln schälen, Pilze putzen, beides in Scheiben schneiden.

Knapp die Hälfte des Fleisches in einen großen Schmortopf geben, mit einigen Nierenscheiben belegen, mit etwas Pfeffer, Salz und Curry würzen. Eine Schicht Zwiebeln, eine Schicht Pilze und einige Kartoffelscheiben darauf legen, wiederum mit Gewürzen bestreuen. Damit fortfahren, bis die Zutaten aufgebraucht sind, mit einer Schicht Kartoffelscheiben abschließen. Vorsichtig Brühe zugießen und zuletzt einige Butterflocken darauf setzen.

Im Ofen bei 180 °C zugedeckt etwa zweieinviertel Stunden schmoren.

30 Minuten vor Ende der Kochzeit den Deckel abnehmen, um die Kartoffelscheiben zu bräunen.

Variante:
Etwa 18 Austern in ein oder zwei Lagen jeweils über den Pilzen mitgaren.

Fleischtopf Lancashire
Lancashire Hotpot

2½ Stunden Vorbereitungs- und Kochzeit
für 6 Personen

1 kg Hals- oder Nackenfleisch vom Lamm
2 Lammnierchen
800 g Kartoffeln
6 Champignons
1 TL Currypulver
350 g Zwiebeln
300 ml Fleischbrühe
Butter

Kronenbraten vom Lamm
Crown Roast of Lamb

2 Stunden Vorbereitungs-
und Kochzeit
für 4-8 Personen

2 Rückenstücke vom Lamm
mit je 6-8 Koteletts
60 ml Öl
1 gehackte Knoblauchzehe

für die Füllung:
2 EL Butter
1 Scheibe Bacon
1 gehackte Zwiebel
1 Tasse gekochter Reis
2 Tassen weiche
Weißbrotkrumen
1 EL fein gehackter
Bleichsellerie
1 EL fein gehackte Petersilie
1 gehackte Frühlingszwiebel
1 TL frischer gehackter
Rosmarin
¼ TL Majoran und Thymian
60 g gehackte Pekan- oder
Walnüsse
1 Ei

◆ Öl, Knoblauch, 1 TL schwarzen Pfeffer sowie 2 TL Salz miteinander vermischen und 20 Minuten ziehen lassen.

Zwischen jedem Kotelett die Knochen und Knorpel, an denen die Rippen der Rückenstücke angewachsen sind, durchtrennen, ohne das Fleisch zwischen den Koteletts zu zerschneiden, damit sich die beiden Stücke halbkreisförmig mit der Fleischseite nach innen und der Knochenseite nach außen biegen lassen und vom Fleisch zwischen den Kotelettknochen scharnierartig zusammengehalten werden. Die Enden der Rippen von der Haut und der dünnen Fleischschicht befreien, da diese sonst im Ofen schnell verbrennen würden. Die beiden Hälften an den Rändern mit Zwirn zusammennähen, so dass sie einen stehenden hohen konkaven Ring bilden, dessen obere und untere Öffnung größer als die Mitte ist und der in seinem Aussehen einer Krone ähnelt, deren Zacken von den Enden der Rippenknochen gebildet werden.

Den Braten innen und außen mit dem gewürzten Öl einpinseln und in einen Bräter stellen. Die Knochenenden mit Aluminiumfolie verhüllen, damit sie nicht verkohlen. In den Innenraum eventuell eine kleine Schüssel oder eine leere Konservendose stecken, damit die Form beibehalten wird. Im Ofen bei 180 °C etwa 40 Minuten braten, dabei gelegentlich mit etwas Öl begießen.

Währenddessen für die Füllung Butter zerlassen, geschnittenen Bacon und Zwiebel darin dünsten. Die übrigen Zutaten in einer Schüssel vermischen, pfeffern und salzen. Bacon und Zwiebel unterrühren.

Den Braten aus dem Ofen nehmen, das Innere der Krone mit der Mischung füllen, diese leicht andrücken, mit Bratensauce begießen und den Braten weitere 40 Minuten im Ofen garen, bis das Fleisch durch ist.

Zum Servieren den Braten auf eine warme Platte geben, die Folie entfernen, die Knochenenden mit kleinen Papiermanschetten oder Champignonköpfen verzieren. Zum Portionieren die Koteletts zertrennen.

Beilagen: Sauce, Röstkartoffeln (Seite 150) und Gemüse

113

◆ Die Koteletts in ½ l Salzwasser aufkochen. Zudecken und etwa eine Stunde köcheln, bis sie gar sind. Anschließend auf eine vorgewärmte Platte legen, mit Pfeffer und Salz würzen, warm stellen.
Das Mehl mit wenig kaltem Wasser anrühren und in die Kochflüssigkeit geben. Verrühren, aufkochen und einige Minuten köcheln. Petersilie sowie eventuell Zitronensaft zufügen und die Koteletts damit begießen.
Beilagen: gekochte Kartoffeln und Möhren

Lamm mit Petersiliensauce
Lamb with Parsley Sauce

für 4 Personen

1 kg Nackenkoteletts vom Lamm
1½ EL Mehl
½ Tasse gehackte Petersilie
nach Geschmack:
2 TL Zitronensaft

◆ Die Lammstücke von Fett befreien. Das Gemüse in mundgerechte Stücke schneiden. Honig und Zitronensaft miteinander verrühren.
In einer großen Pfanne das Fleisch mit Wein übergießen. Öl und Gemüse in eine zweite Pfanne geben.
Das Lamm im auf 200°C vorgeheizten Ofen etwa 45 Minuten braten. In den ersten 20 Minuten mit Bratenflüssigkeit begießen, dann mit der Honigmischung. Wenn nötig, etwas Wasser zugießen.
Die Pfanne mit dem Gemüse ebenfalls in den Ofen stellen. Kartoffeln 45 Minuten, andere Gemüse 30 Minuten braten, dabei gelegentlich wenden.
Wenn das Lamm gar ist, aus dem Ofen nehmen und zugedeckt einige Minuten ruhen lassen. Die Temperatur auf 220°C erhöhen und das Gemüse knusprig braten.
Für die Sauce das Fett von den Bratensäften abschöpfen und die Brühe zur Bratenflüssigkeit gießen. Maismehl mit etwas Wasser anrühren und zugeben. Aufkochen, rühren und eindicken lassen.
Den Broccoli einige Minuten dämpfen und mit den gebratenen Gemüsen zum Lammrücken servieren.

Lammrückenbraten mit Honig
Honey Roast Rack of Lamb

für 4 Personen

4 Rückenstücke vom Lamm mit je 3-4 Koteletts
Gemüse zum Braten (Kartoffeln, Möhren, Kürbis)
2 EL Honig
2 EL Zitronensaft
¼ l Weißwein
1 EL Öl
380 ml Brühe
2 EL Maismehl
500 g Broccoliröschen

Lammbraten mit Weinbrandaprikosen
Brandied Apricot Lamb Roast

2 Stunden Vorbereitungs-
und Kochzeit
für 4-6 Personen

1 Stück magerer
   Lammbraten ohne
   Knochen
100 g getrocknete Aprikosen
2 EL Brandy
Gemüse zum Braten
   (Kartoffeln, Möhren,
   Zwiebeln)
12 Blätter Spinat ohne Stiele
1 EL Aprikosenmarmelade
150 g Ricottakäse
1 Ei
geriebene Muskatnuss

◆ Die Aprikosen 10 Minuten in Brandy ziehen lassen. Abgießen und den Brandy auffangen.
Das Gemüse vorbereiten, schneiden und in eine eingefettete Form geben. Das Fleisch flach auslegen, von Fett befreien, vier Spinatblätter darauf legen. Die Aprikosen darüber streuen, einrollen und mit Zwirn in Form halten. Wiegen und in eine Pfanne auf ein flaches Gitter legen, damit das Fleisch nicht anhängt. Die Pfanne mit etwas Wasser füllen, das nicht bis an das Fleisch reicht. Das Lamm in der Röhre braten – pro 500 g etwa 30 Minuten veranschlagen. Das Gemüse während der letzten 45 Minuten mitbraten.
Angewärmte Marmelade mit dem Brandy verrühren, den Braten während der letzten 30 Minuten damit bestreichen.
Restlichen Spinat hacken, mit Ricotta, geschlagenem Ei, einer Messerspitze Muskat sowie Pfeffer vermischen und in einen Schmortopf geben. Das Lamm aus der Pfanne nehmen und zugedeckt warm halten. Den Schmortopf schließen und den Spinat im auf 180 °C vorgeheizten Ofen mit dem Gemüse weitere 15 Minuten garen.
Den Rollbraten in Scheiben schneiden, mit Spinat und Gemüse servieren.

Der Lammbraten sollte sich zum Rollen eignen.

◆

Schwein
Pork

◆

◆ Die Fettseite oder Schwarte des Fleisches mit Salz einreiben und das Bratenstück in eine Pfanne auf ein flaches Gitter legen, damit das Fleisch nicht anhängt. Im auf 230°C vorgeheizten Ofen etwa 30 Minuten braten, bis eine knusprige Kruste entsteht. Die Temperatur auf 160°C reduzieren und das Fleisch 60 bis 90 Minuten fertig garen.

Währenddessen für die Sauce die Äpfel schälen, entkernen und vierteln. Im geschlossenen Topf unter gelegentlichem Rühren weich kochen und dabei nur so viel Wasser zugießen, dass sie nicht anbrennen. Die Apfelstücke grob zerkleinern und nach Geschmack Zucker hinzufügen, mit Zitronensaft und einer Prise Zimt abschmecken.

Wenn das Fleisch gar ist, auf eine vorgewärmte Platte legen und vor dem Schneiden 15 Minuten warm stellen. Mit Petersilie bestreuen und mit Apfelsauce servieren.

Beilagen: Röstkartoffeln, die mit dem Fleisch gegart werden können, gedünstetes oder gebratenes grünes Gemüse

Schweinebraten mit Apfelsauce
Roast Pork with Apple Sauce

2 Stunden Vorbereitungs-
und Kochzeit
für 4 Personen

1 kg Bratenstück vom
Schwein (Schweine-,
Schwarten- oder
Rollbraten, Schulter oder
Hachse)
gehackte Petersilie

für die Sauce:
4 Äpfel (Granny Smith)
60-120 g Zucker
2 TL Zitronensaft
gemahlener Zimt

◆ Die Bohnen in einem Topf mit Wasser bedecken, aufkochen und 2 Minuten kochen. Den Topf vom Herd nehmen und die Bohnen eine Stunde einweichen.

Das Fleisch würfeln, Tomaten häuten, Zwiebeln in dicke Ringe schneiden.

In einem Schmortopf Öl erhitzen und die Zwiebelringe darin bräunen. Das Fleisch zugeben und von allen Seiten gut anbraten. Mit Wein ablöschen. Die übrigen Zutaten beifügen, pfeffern, salzen und alles langsam zum Kochen bringen. Im Ofen auf dem unteren Rost bei 170°C zugedeckt zweieinhalb bis drei Stunden schmoren, bis Fleisch und Bohnen gar sind. Darauf achten, dass die Flüssigkeit nicht verkocht. Entsteht am Ende zu viel Bratenflüssigkeit, diese in einen Topf abgießen, einkochen und zurückgießen.

Schweineschmortopf mit Bohnen
Pork and Bean Casserole

3 Stunden Vorbereitungs-
und Kochzeit
für 4 Personen

750 g mageres
Schweinefleisch
450 g Trockenbohnen
500 g Tomaten
2 Zwiebeln
25 g Öl
300 ml trockener Weißwein
4 gehackte Knoblauchzehen
1 Kräutersträußchen

Schweinerollbraten mit Chutney
Roast Pork Shoulder with Chutney

2 Stunden Vorbereitungs-
und Kochzeit
für 6 Personen

2 kg Schweineschulter oder
    anderer Rollbraten
Fruchtchutney (Seite 119)
gehackte Petersilie
1 EL Öl

für die Füllung:
2 EL Öl
2 Möhren
3 EL gehackter Schnittlauch
50 g Brotkrumen von alt-
    backenem Weißbrot

für die Sauce:
2 TL Worcestershiresauce
60 ml trockener Rotwein
½ TL Instantbrühe (Rind)
2 TL Maismehl

◆ Das Fleisch von Fett befreien, eventuell die Schwarte entfernen. An unebenen Stellen etwas Fleisch abschneiden und lose auflegen, um so ein flaches und in etwa gleichmäßig starkes Stück Fleisch zu erhalten, das sich gut wickeln lässt. Wird ein fertiger Rollbraten verwendet, diesen aufrollen. Für die Füllung Öl erhitzen, geriebene Möhren und 2 EL Wasser unter Rühren 5 Minuten darin dünsten. Kurz abkühlen lassen, Schnittlauch und Brotkrumen einrühren.

Das Fleisch mit 70 g Chutney bestreichen, mit der Füllung belegen, aufrollen und mit Zwirn fest zusammenbinden.

In einem Topf Öl erhitzen und den Rollbraten von allen Seiten darin anbraten. Den Topf in den auf 180 °C vorgeheizten Ofen stellen und das Fleisch 60 bis 90 Minuten braten.

Den Braten herausnehmen, ⅛ l Bratenflüssigkeit für die Sauce zur Seite stellen und das Fleisch 5 Minuten ruhen lassen. Den Zwirn entfernen, das Fleisch außen mit 2 EL Chutney bestreichen und bei gleicher Temperatur weitere 10 Minuten garen. Währenddessen für die Sauce Bratensaft, Worcestershiresauce, Wein, Instantbrühe und das in 1 EL Wasser angerührte Maismehl verrühren, kurz aufkochen und eindicken lassen.

Den Braten vor dem Schneiden 10 Minuten warm stellen, in Scheiben portionieren und mit Petersilie bestreut anrichten. Die Sauce getrennt dazu reichen.

Beilage: gebackenes Gemüse (Kartoffeln, Möhren, Kürbis)

◆ Aprikosen und Pfirsiche mindestens sechs Stunden in Wasser einweichen.
Das Wasser abgießen, alle Früchte klein hacken und in einen Topf geben. Essig, 1/4 l Wasser, Zucker, zerdrückten Knoblauch, je eine Messerspitze Zimt und Cayennepfeffer sowie 1 bis 2 TL Salz zufügen. Zum Kochen bringen und bei schwacher Hitze etwa zwei Stunden köcheln, bis das Chutney eindickt.
Sofort abfüllen und luftdicht verschließen.

Fruchtchutney
Fruit Chutney

mindestens 6 Stunden
wässern, 2 Stunden
Vorbereitungs- und
Kochzeit
für 1 Liter

250 g getrocknete Aprikosen
250 g getrocknete Pfirsiche
250 g entkernte Datteln
250 g Rosinen
¾ l Essig
200 g Zucker
1 Knoblauchzehe
gemahlener Zimt
Cayennepfeffer

◆ Artischocken abgießen, Bacon und Tomaten fein hacken.
In einem Schmortopf Butter und 2 EL Öl erhitzen, Bacon, Zwiebel und Knoblauch darin dünsten. Die Medaillons mit Majoran zugeben und von beiden Seiten jeweils etwa 5 Minuten braten.
Mit Wein ablöschen, mit Pfeffer und Salz abschmecken, 10 Minuten dünsten.
Währenddessen 1 EL Öl erhitzen und die Tomaten unter Rühren garen. Tomatenmark zufügen und mit Brühe ablöschen. In den Schmortopf geben, unterrühren und aufkochen. Zudecken und bei schwacher Hitze 30 Minuten schmoren.
Die Artischockenherzen hineingeben und weitere 15 Minuten garen.
Aus dem Schmortopf servieren.

Schweinemedaillons mit Artischocken
Pork Medallions with Artichokes

für 6 Personen

6 große Schweinemedaillons
450 g Artischockenherzen
(Konserve)
3 Scheiben Bacon
3 Tomaten
50 g Butter
3 EL Öl
1 fein gehackte Zwiebel
2 gehackte Knoblauchzehen
½ TL getrockneter Majoran
300 ml Roséwein
1 EL Tomatenmark
½ l Hühnerbrühe

Paella mit Schweinefleisch
Pork and Seafood Paella

2 Stunden Vorbereitungs-
und Kochzeit
für 4-6 Personen

400 g mageres
Schweinefleisch
1 grüne Paprikaschote
2 Tomaten
1 EL Olivenöl
1 fein gehackte Zwiebel
1 TL Zucker
400 g Langkornreis
½ l Hühnerbrühe
Safran
1 Lorbeerblatt
200 g fester weißer Fisch
(Seehecht, Dorsch)
12 Miesmuscheln
gehackte Petersilie

◆ Das Fleisch in 2 bis 3 cm große Würfel schneiden. Die Paprika halbieren und entkernen, das weiße Fruchtfleisch entfernen, die Schote in dünne Streifen schneiden. Die Tomaten hacken.
In einem großen Topf Öl erhitzen und das Fleisch einige Minuten darin anbraten, am besten in zwei oder drei Lagen. Jeweils herausnehmen und auf einem Teller zur Seite stellen.
Die Zwiebel in den Topf geben und glasig dünsten. Tomaten, Paprika und Zucker zufügen, 5 Minuten dünsten.
Reis, Brühe, 380 ml Wasser, eine Messerspitze Safran und das Lorbeerblatt einrühren. Aufkochen und 10 Minuten ohne Deckel köcheln.
Fisch sowie Muscheln zugeben und 3 Minuten leicht kochen. Die Fleischwürfel hinzufügen, weitere 3 Minuten kochen.
Mit Petersilie bestreut servieren.
Beilagen: Salat und Brot

◆

Wild
Game

◆

◆ Den Emurücken in Medaillons schneiden. Die Quandongs etwa 15 Minuten in Apfelsaft einweichen.
In einer Pfanne Butter zerlassen und die Medaillons kurz darin braten. Auf einen heißen Teller legen und 15 Minuten warm stellen.
Quandongs und Saft mit den übrigen Zutaten in die Pfanne geben. Mit Pfeffer und Salz abschmecken und bei verringerter Hitze einkochen. Die Emumedaillons damit übergießen.

Emumedaillons
Seared Emu Medallions

für 2 Personen

300 g Emurücken
⅓ Tasse getrocknete
  Quandongs (50 g)
⅛ l Apfelsaft
Butter
1 TL Zitronensaft
4 TL Boysenbeeren- oder
  Brombeerpüree
6 Blätter Australischer Pfeffer
⅛ l dicker Rahm

◆ Die Emukeule in große Stücke schneiden. Die Muskeln mit einem scharfen Messer voneinander trennen und so viele Sehnen wie möglich entfernen. Die Fleischstücke mit Pfeffer sowie einer Mischung aus ⅔ Maisöl und ⅓ Macadamianussöl einreiben, ein bis zwei Stunden marinieren.
Eine schwere gusseiserne Pfanne gut 5 Minuten stark erhitzen. Die Emustücke direkt aus der Marinade in die Pfanne geben und von allen Seiten jeweils etwa 10 Minuten braten. Währenddessen die Orangenschale in Stückchen schneiden.
Das Fleisch aus der Pfanne nehmen, mit einem Geschirrtuch bedecken und warm halten. Orangenschale in die Pfanne geben, kurz ausbraten und entfernen. Mit Grand Marnier ablöschen und rühren. Saft zugießen und auf die Hälfte einkochen.
Das Fleisch zurück in die Pfanne geben, salzen und wenden, während die Flüssigkeit weiter einkocht. Die Emustücke herausnehmen und 10 Minuten warm stellen.
Quer zur Faser in Scheiben schneiden, anrichten und mit Sauce übergießen.

Emu mit Orange
Emu & Orange

1-2 Stunden marinieren
für 4 Personen

1 Emukeule ohne Knochen
Maisöl
Macadamianussöl
2 ungespritzte Orangen
  (Schale)
Grand Marnier
4 Orangen (Saft)

Kängurufilet mit Selleriepüree
Peppered Kangaroo Loin with Celeriac Puree

für 2 Personen

250 g Kängurufilet (Lende)
100 ml Pflanzenöl
2 Sellerieknollen
Butter
Thymian
Knoblauch

◆ Das Fleisch mit Pfeffer einreiben und in Öl 30 Minuten marinieren.
Den Sellerie säubern, vierteln und mit Butter einreiben. Auf ein Backblech legen, mit etwas Thymian, Knoblauch, Pfeffer und Salz würzen. Mit Aluminiumfolie bedecken und bei 240 °C etwa eine Stunde backen. Anschließend mit wenig Butter und Öl pürieren.
In einer Pfanne die Lendchen von allen Seiten kurz anbraten und im Ofen bei maximaler Temperatur einige Minuten durchgaren. Herausnehmen und in Scheiben schneiden.
Zum Servieren eine Portion Püree in die Mitte des Tellers geben und das Fleisch fächerförmig darum anordnen.

Kängurufilets kurz gebraten
Seared Kangaroo Fillets

1 Stunde marinieren
für 3-4 Personen

2 Rückenfilets vom Känguru
¼ l Olivenöl
½ l Wildfond
200 ml Madeira oder süßer
  Sherry
zum Garnieren:
  Brunnenkresse

◆ Die durch eine dünne Haut verbundenen Filets voneinander trennen, zurechtschneiden und eine Stunde in Öl marinieren.
Den Fond bei schwacher Hitze langsam einkochen. Die Filets aus dem Öl nehmen, mit der Hand überschüssiges Öl abstreifen. Großzügig mit Pfeffer würzen und leicht salzen. In einer sehr heißen Pfanne oder auf einem Barbecueteller unter häufigem Wenden nicht länger als 4 Minuten braten. Die Pfanne vom Herd nehmen, mit einem Geschirrtuch bedecken und 10 Minuten warm halten. Ist der Fond auf die Hälfte eingekocht, abschmecken, Madeira zugießen und weitere 3 Minuten köcheln.
Die Filets quer zur Faser in Scheiben schneiden, mit Brunnenkresse garnieren und mit der Sauce servieren.

◆ Die Kängurufilets mit Pfeffer und Salz würzen. Die Bratensauce einkochen, bis sie zu gelieren beginnt. Mit Wein abschmecken.

In einer Kasserolle etwas Öl stark erhitzen und die Filets von beiden Seiten kurz darin anbraten, bis sie gleichmäßig braun sind. Im auf 225 °C vorgeheizten Ofen weitere 5 Minuten garen. Herausnehmen und 15 Minuten in der Bratensauce ziehen lassen.

Den Ofen auf mittlere Hitze bringen und die Nüsse auf einem Backblech 5 bis 10 Minuten goldbraun rösten.

Die Äpfel schälen und vierteln. Butter zerlassen und die Apfelstücke darin glasieren. Eine Prise Zucker und Wasser zum Karamellisieren zugeben.

Die Filets in Scheiben schneiden, mit Äpfeln und Nüssen garnieren, mit Sauce übergießen.

Kängurufilet mit glasiertem Apfel und Macadamianüssen
Seared Kangaroo Fillet with Glazed Apple and Macadamia Nuts

für 4 Personen

4 Lendenfilets vom Känguru (je 200 g)
1 l Bratensauce
Rotwein
Öl
100 g Macadamianüsse
2 Äpfel (Granny Smith)
Butter
Zucker

◆ Die Salatblätter waschen und zerpflücken, die Tomate fein würfeln. Die Paprika halbieren und entkernen, das weiße Fruchtfleisch entfernen, die Schoten in 1 cm breite Streifen schneiden. Die Aubergine in ebenso breite Streifen schneiden.

In einer Pfanne etwas Butter zerlassen, Auberginen- und Paprikastreifen darin braten. Herausnehmen und warm stellen.

Erneut Butter zerlassen und die Kängurufilets kurz darin anbraten. Im Ofen bei 190 °C etwa 10 Minuten fertig garen, dabei ab und zu den Gargrad prüfen.

Währenddessen den Wein auf 2 EL einkochen, den Fond zugießen und auf ¼ l Flüssigkeit einkochen. Nachwürzen und eventuell etwas Butter zugeben, um eine schwerere Sauce zu erhalten. Das Fleisch vor dem Schneiden 5 Minuten warm stellen.

Den Salat bei schwacher Hitze in etwas Butter weich dünsten. Auf vier Teller verteilen. Das Filet in Scheiben schneiden und darauf anordnen. Mit gebratenem Gemüse umgeben, mit Sauce begießen und mit gewürfelter Tomate bestreuen.

Känguru mit Aubergine und Paprika
Kangaroo with Roasted Eggplant and Capsicum

für 4 Personen

500 g Kängurufilet
¼ krauser Endiviensalat
4 Blätter Radicchiosalat
1 Tomate
2 rote Paprikaschoten
1 Aubergine
Butter oder Öl
150 ml roter Bordeauxwein
1½ l Rinderbrühe oder -fond

Kaninchen im Kürbis
Rabbit in a Pumpkin

2 Stunden Vorbereitungs-
und Kochzeit
für 4 Personen

1 Kaninchen mit Innereien
  (Leber und Herz)
2 große Kartoffeln
1 große Möhre
100 g Mehl
6 EL Butter oder Öl
1 fein gehackte Zwiebel
10 Schalotten
⅛ l trockener Weißwein
frischer Thymian
1 flacher runder Kürbis

◆ Das Kaninchen zerlegen. Die Kartoffeln grob, die Möhre fein würfeln. Mehl mit Pfeffer und Salz vermischen, die Fleischstücke darin wenden.
In einem Schmortopf Butter zerlassen und das Fleisch darin anbraten. Zwiebel und Schalotten zugeben. Wein, reichlich Thymian, Kartoffeln und Möhre zufügen. Schmoren, bis das Kaninchen gar ist. Wenn nötig, weiteren Wein oder Wasser zugießen.
Den oberen Teil des Kürbis abschneiden und als Deckel zur Seite legen. Kerne sowie einen Teil des Fruchtfleischs entfernen. Die Innereien des Kaninchens klein schneiden, in etwas Butter bräunen und in den Schmortopf geben. Den Inhalt des Schmortopfes in den Kürbis geben und den Deckel darauf setzen. Den Kürbis in einen Bräter oder eine Backform stellen, in dem das Gericht als Ganzes serviert werden kann, eventuell stabilisieren. Die Außenhaut mit Öl einpinseln und bei etwa 180 °C zwei Stunden backen. Ab und zu mit einem Stäbchen prüfen, ob der Kürbis gar ist, da er leicht brechen kann, wenn er zu weich wird.

Das geschmorte Kaninchen ist auch ohne Kürbis nicht zu verachten.

◆ Die Kaninchen zerlegen. Mehl mit Pfeffer und Salz vermischen, die Fleischstücke darin leicht wenden.

In einem Schmortopf Öl sowie Butter erhitzen und das Fleisch darin anbraten. Herausnehmen, den in Streifen geschnittenen Bacon hineingeben und 2 Minuten braten.

Mit Wein ablöschen, zum Kochen bringen und etwas einkochen. Knoblauch und Tomatenpüree einrühren, mit Pfeffer und Salz abschmecken. Das Fleisch zurück in den Topf geben und zugedeckt bei schwacher Hitze 60 bis 90 Minuten garen.

Nachwürzen und mit Petersilie bestreut servieren.

Kaninchen geschmort mit Tomatenpüree
Sauté of Rabbit with Tomato Purée

2 Stunden Vorbereitungs-
    und Kochzeit
für 6 Personen

2 Kaninchen
Mehl
1 EL Öl
30 g Butter
150 g Bacon
170 ml Rotwein
1 gehackte Knoblauchzehe
3 EL Tomatenpüree
gehackte Petersilie

◆

Geflügel
Poultry

◆

131

◆ Das Hühnchen säubern, Fleisch und Haut in Stücke zerteilen. Die Mangos in Scheiben schneiden. Den Käse auf einem großen Teller ausbreiten, mit Hühnchenstücken und Mangoscheiben bedecken.
Den Kressesalat mit Vinaigrette anmachen und ebenfalls auf dem Teller anordnen.

Mangosalat mit Räucherhuhn
Smoked Chicken with Mango and Ricotta

für 4 Personen

1 geräuchertes Hühnchen
2 Mangos
200 g Ricottakäse
gemischter Kressesalat
 (Brunnenkresse mit
 Radicchio oder anderem
 kräftigen Salat)
Vinaigrette

◆ Das Hühnchen in vier Teile zerlegen. Mit Küchenpapier trockentupfen, mit Pfeffer und Salz würzen. Den Bacon klein schneiden.
In einer Kasserolle Öl sowie Butter erhitzen und die Hühnchenteile darin anbraten. Herausnehmen und in einen Schmortopf legen.
Bacon und Zwiebeln in der Kasserolle kurz goldbraun braten. Pilze, Knoblauch und Mehl zugeben, unter ständigem Rühren weitere 5 Minuten sautieren, bis sich das Mehl bräunt. Mit Wein ablöschen.
Alles in den Schmortopf geben, das Kräutersträußchen zufügen, mit Pfeffer und Salz abschmecken. Eventuell mit Wasser auffüllen, bis die Hühnchenteile gerade bedeckt sind.
Im Ofen bei etwa 170 °C etwa eine Stunde schmoren, bis das Fleisch zart ist. Das Kräutersträußchen entfernen und gegebenenfalls nachwürzen.
Aus dem Schmortopf mit Petersilie bestreut servieren.
Beilage: geröstete Weißbrotscheiben

Hühnchen in Wein
Coq au Vin

für 4 Personen

1½ kg Hühnchenteile oder
 1 ganzes Hühnchen
4 Scheiben Bacon
1 EL Öl
2 EL Butter
8 kleine Zwiebeln
130 g kleine Champignons
2 gehackte Knoblauchzehen
2 EL Mehl
½ l Rotwein
1 Kräutersträußchen
 (Petersilie, Thymian,
 Majoran und Lorbeerblatt)
gehackte Petersilie

Hühnchen im Schmortopf
Chicken Casserole

1½ Stunden Vorbereitungs-
und Kochzeit
für 4 Personen

1 kg Hühnchenteile
1-2 EL Mehl
2 Scheiben Bacon
200 g kleine Champignons
2 EL Butter
1 gehackte Zwiebel
1 gehackte Knoblauchzehe
150 ml trockener Weißwein
1-2 EL Portwein
getrockneter Estragon oder
    Thymian
1 Lorbeerblatt
gehackte Petersilie

◆ Die Hühnchenteile in Mehl wenden. Den Bacon und gegebenenfalls auch die Pilze klein schneiden. In einer Kasserolle Butter zerlassen und die Hühnchenteile langsam darin bräunen. Herausnehmen und in einen Schmortopf geben.
Bacon, Zwiebel und Knoblauch in der Kasserolle glasig dünsten und mit Wein, Pilzen, einer Prise Estragon und Lorbeerblatt über das Fleisch geben. Mit Pfeffer und Salz würzen, gut verschließen und im Ofen bei 180°C etwa 75 Minuten gar schmoren. Die Sauce entfetten. Aus dem Schmortopf mit Petersilie bestreut servieren.
Beilagen: Reis, gedünstete Gemüse und Salat

Hühnchen mit grünem Pfeffer
Green Peppercorn Chicken

mehrere Stunden marinieren
für 4 Personen

4 Hähnchenbrustfilets
1 Knoblauchzehe
1 EL grüner Pfeffer
50 g Butter
Zitronensaft

◆ Knoblauch und Pfeffer zerdrücken, mit etwas Salz, Butter und Zitronensaft zu einer Paste vermischen. Die Filets damit von allen Seiten einstreichen und mehrere Stunden marinieren.
Eine Pfanne oder ein Grillblech leicht einfetten. Die Filets darauf legen und im vorgeheizten Grill 5 Minuten grillen – falls vorhanden, zuerst die Hautseite. Weitere 10 bis 15 Minuten grillen, mit Bratensaft bestreichen, zwischendurch wenden. Gegebenenfalls mit der Hautseite abschließen, damit diese braun und knusprig wird.
Beilagen: Reis und Salat oder gedünstetes Gemüse

Variante:
Die in Mehl gewendeten Filets nach dem Anbraten in einem Fond aus Weißwein und Wasser (insgesamt ¼ l) mit etwas Portwein und grünem Pfeffer dünsten. Den Fond nach dem Einkochen mit 2 EL Sahne verfeinern und als Sauce über die Filets gießen.

◆ Die Papaya schälen und würfeln.

In einer Pfanne Öl erhitzen und das Curry ein-rühren. Papaya sowie Bacon zugeben und unter Rühren 30 Minuten dünsten.

Währenddessen für die Sauce die Innereien fein hacken, die Zwiebel würfeln, die Chilis klein schneiden. Öl erhitzen und alles darin anbräunen.

Essig, ¼ l Wasser, Mehl, Zucker und 1 TL Salz mit-einander verrühren, zugeben und 30 Minuten köcheln.

Die Sauce über die Papaya gießen und weitergaren, bis diese zart, jedoch nicht zu weich ist.

Beilage: Reis

Papaya mit Curry und Geflügelinnereien
Curry Pawpaw and Giblets

für 3 Personen

1 grüne Papaya (etwa 1 kg)
⅛ l Erdnussöl
1½ EL Currypulver
3 Scheiben Bacon

für die Sauce:
300 g Geflügelinnereien
1 Zwiebel
nach Geschmack:
    2 Chilischoten
60 ml Essig
1 EL Mehl
1 TL Zucker

Wildente gebraten
Roast Wild Duck

für 2 Personen

1 Wildente
Zitronensaft
frische Kräuter (Thymian)
1 Zwiebel
Butter
2 Äpfel (Granny Smith)
Mehl

◆ Die Wildente ausnehmen und säubern. Hals, Innereien sowie Flügelspitzen für eine Brühe zur Seite legen. Die Ente außen und innen leicht mit Pfeffer und Salz sowie kräftig mit Zitronensaft einreiben. Mit Kräutern, zwei Dritteln der in Ringe geschnittenen Zwiebel und Apfelstücken füllen, eventuell mit etwas Zwirn dressieren.
Die Ente in eine Pfanne auf ein flaches Gitter legen, damit das Fleisch nicht anhängt. Mit Butterflocken belegen und im heißen Ofen etwa 35 Minuten braten.
Währenddessen Hals, Innereien, Flügelspitzen sowie restliche Zwiebelringe mit Wasser bedecken und köcheln. Die Brühe entfetten und durchseihen.
Die fertige Ente aus der Pfanne nehmen, das verbleibende Fett nochmals erhitzen, damit Reste von Flüssigkeit verdampfen können, und bis auf 1 EL abgießen. Mit Mehl verrühren, Brühe zugießen und rühren, bis die Sauce eindickt. Eventuell mit etwas Wasser verdünnen, mit Pfeffer und Salz abschmecken.

Gebratene Wildente wird traditionell mit Strohkartoffeln gereicht, streichholzdünn geschnittenen rohen Kartoffeln, die in sehr heißem Fett gebacken und mit feinem Salz bestreut werden.

◆

Fisch und Meeresfrüchte
Fish and Seafood

◆

Chefkoch Tony Bilson aus Sydney nennt diesen Lachs »pochiert«, da er ähnlich zubereitet wird wie pochierte Eier, die nicht in siedendem Wasser gekocht werden, sondern bei einer niedrigeren Temperatur, um zu verhindern, dass die Proteine aushärten. Indem der Lachs bei niedriger Temperatur zubereitet wird, bleiben die Proteine weich und der Fisch schmilzt beim Essen im Mund buchstäblich dahin. Es kann schwierig sein, die Temperatur des Fettes konstant niedrig zu halten. Tony Bilson empfiehlt die Verwendung einer handelsüblichen Fritteuse, die auf niedrigste Temperatur eingestellt ist.

◆ Für die Sauce das Wurzelwerk würfeln. In einer Pfanne 1 EL Butter bei mittlerer Hitze zerlassen, Wurzelwerk und Schalotten darin dünsten, bis alles eine leicht goldene Farbe annimmt. Gräten zugeben, um der Sauce einen kräftigen Fischgeschmack zu verleihen, und die Temperatur erhöhen, bis der Inhalt der Pfanne leicht karamellisiert. Tomatenmark unterrühren, bis es anzuhaften beginnt. Wein zugießen, Kräuter sowie Pfeffer hinzufügen und alles auf die Hälfte einkochen. In einen kleinen Topf umgießen, jegliches Fett abschöpfen und bis auf 100 ml einkochen. Den Topf vom Herd nehmen, Gräten entfernen und Trüffelessenz zugeben. Die kalten Butterwürfel in die Sauce schlagen, mit Salz und den anderen Gewürzen nochmals abschmecken.
In einer Fritteuse oder einem tiefen Topf das Schmalz auf 70°C erhitzen. Den Fisch hineingleiten lassen und 12 Minuten garen.
Währenddessen den Spinat blanchieren. In einem Topf 2 EL Butter zerlassen und den zerdrückten Knoblauch 3 bis 4 Minuten darin dünsten. Herausnehmen, den Spinat zufügen und dünsten. Dabei mit einem hölzernen Löffel langsam wenden, bis er zusammenfällt.
Ein Stückchen Fisch herausnehmen und prüfen – der Lachs ist rosa und zart, wenn er durch ist.
Zum Servieren den Spinat auf die vorgewärmten Teller geben. Den Lachs vorsichtig mit Küchenpapier abtupfen und darauf legen. Mit etwas Sauce übergießen und servieren.

Pochierter Lachs mit Rotweinsauce
Coddled Salmon with Red Wine Sauce

für 6 Personen

6 Stücke bester frischer Lachs (je 200 g)
1 l Gänse- oder Entenschmalz
1 Bund Spinat
Butter
1 Knoblauchzehe

für die Sauce:
½ Tasse Wurzelwerk (Zwiebel, Möhre, Sellerie)
4 gehackte Schalotten
Fischgräten
1 EL Tomatenmark
½ l Rotwein
2 Stängel Thymian
1 Lorbeerblatt
½ TL schwarze Pfefferkörner
nach Geschmack:
½ TL Trüffelessenz
100 g Butter in kleinen Würfeln

Forelle pochiert mit Kaviarbutter
Poached Trout with Caviare Butter

für 4 Personen

4 ausgenommene Forellen
⅛ l Weißwein
1 EL Zitronensaft
1 Lorbeerblatt
2 Petersilienstängel
8 schwarze Pfefferkörner

für die Kaviarbutter:
100 g Butter
50 g schwarzer Kaviar
1 EL gehackte Petersilie
Zitronensaft

◆ Für die Kaviarbutter die Butter mit einem Holzlöffel bearbeiten, bis sie weich ist. Die übrigen Zutaten untermischen, mit Pfeffer und Salz abschmecken. Zu Kugeln rollen und in den Kühlschrank stellen.
Alle Zutaten außer den Forellen mit ½ l Wasser zum Kochen bringen. Die Temperatur reduzieren, die Forellen hineingeben und vorsichtig etwa 10 Minuten köcheln, je nach Größe der Fische, bis das Fleisch weich ist und sich leicht abheben lässt. Die pochierten Forellen noch einige Minuten im Wasser ziehen lassen. Mit Kaviarbutter anrichten.
Beilage: Brot oder Kartoffeln

Kedgeree-Reis mit Fisch
Kedgeree

für 4 Personen

100 g gegarter Fisch
4 hart gekochte Eier
2 EL Butter
1 gehackte Zwiebel
1 TL Currypulver
1 Tasse gekochter Reis

Dieses Gericht stammt aus Indien, wo es unter dem Namen »Kitchre« mit Linsen anstelle von Fisch zubereitet wurde. In der jetzigen Form war es bei den Engländern in Indien als Frühstücksgericht beliebt und gelangte über England nach Australien.

◆ Den Fisch zerpflücken. Eier schälen und halbieren, Eiweiß und Eigelb trennen. Zwei Eiweiß fein hacken, zwei Eigelb durch ein grobes Sieb passieren. Die übrigen Eiweiß und Eigelb in Streifen schneiden.
In einer Pfanne Butter zerlassen und die Zwiebel darin weich dünsten, jedoch nicht bräunen. Curry zugeben und weitere 3 Minuten dünsten.
Reis, Fisch und zerkleinerte Eier hineinrühren, unter vorsichtigem Rühren erhitzen. Mit Pfeffer und Salz abschmecken.
Auf eine Platte geben und mit Eistreifen dekorieren.

◆ Für das Relish Apfelscheiben und Essig in eine Pfanne geben, zudecken und vorsichtig kochen, bis der Apfel weich ist. Zucker, Früchte und Boysenbeere zufügen, 10 bis 12 Minuten vorsichtig dünsten.
Die Mischung im Mixer pürieren, durch ein Sieb passieren und gut abkühlen lassen. Nach und nach Zitronensaft zugießen, bis die gewünschte Note erreicht ist.
Den Lachs in schmale Streifen schneiden. Salzwasser mit Zitronenscheiben sowie Eiswürfeln versetzen und die Austern darin waschen.
Etwas Relish auf jede Auster geben. Einen Lachsstreifen einrollen und darauf platzieren. Mit einem kleinen Stück Dill garniert servieren.

Sydneyer Felsenaustern mit Lillipilly
Sydney Rock Oysters & Lillipilly

für 4 Personen

4 Dutzend Sydneyer Felsenaustern
2-3 Scheiben geräucherter Lachs
½ Zitrone in Scheiben
zum Garnieren: Dill

für das Relish:
100 g dünne Apfelscheiben (Granny Smith)
150 ml Apfelessig
50 g feiner Raffinadezucker
200 g Riberry-Früchte
1 Boysenbeere (zur Färbung)
1 Zitrone (Saft)

◆ Die Muscheln ohne Schalen gut abwaschen, abtropfen lassen und in eine eingefettete feuerfeste Form geben.
In einem Topf 1 EL Butter zerlassen. Die Hälfte der Brotkrumen, Mehl, Senf, Curry und ¼ TL Salz zufügen. Bei schwacher Hitze etwa 3 Minuten rühren. Milch zugießen und unter Rühren aufkochen. Vorsichtig Worcestershiresauce und Zitronensaft einrühren.
Die Sauce über die Muscheln gießen, mit den restlichen Brotkrumen bestreuen und mit Butterflocken belegen. Bei mittlerer Hitze 15 bis 20 Minuten backen.

Muschelpastete aus Port Huon
Port Huon Scallop Pie

für 3 Personen

500 g Jakobsmuscheln
Butter
½ Tasse Brotkrumen
1 EL Mehl
½ TL Senfpulver
1 TL Currypulver
¼ l Milch
1 TL Worcestershiresauce
nach Geschmack: Zitronensaft

Gegrillter Tintenfisch mit Kartoffeln und grünen Bohnen
Grilled Octopus with Potatoes and Green Beans

am Vortag beginnen
für 4 Personen
(als Vorspeise)

500-600 g gesäuberte kleine
   Tintenfische (Seppiolini)
⅛ l Olivenöl
¼ l Zitronensaft
2 fein gehackte
   Knoblauchzehen
800 g neue Kartoffeln
200 g grüne Bohnen
1 rote Zwiebel
12 schwarze Oliven
gemischter Salat (Römischer
   Salat, Tomaten,
   Brunnenkresse, Endivien,
   Radicchio)

für die Vinaigrette:
375 ml Olivenöl
1 fein gehackte
   Knoblauchzehe
⅛ l Weinessig
2 EL Dijoner Senf
3 Sardellenfilets
Pfeffer und Salz

Dieses Gericht weist mediterranen Einfluss auf, der sich gut mit dem Sydneyer Klima verträgt.

◆ Die Tintenfische in einer Mischung aus Öl, Zitronensaft und Knoblauch über Nacht marinieren. Am nächsten Tag die Kartoffeln kochen. Abkühlen lassen, eventuell schälen und schneiden. Die Bohnen ebenfalls kochen und abkühlen lassen. Die Zwiebel in Ringe schneiden.
Für die Vinaigrette alle Zutaten miteinander vermischen.
Den Tintenfisch grillen, schnell mit Kartoffeln, Bohnen und Zwiebelringen vermischen. Vinaigrette sowie Oliven zugeben und auf den Salatblättern servieren.

◆ Für die Polenta ½ l Wasser mit Butter zum Kochen bringen. Nach und nach Maismehl zugeben, ständig schlagen. 30 Minuten kochen, dabei gelegentlich umrühren. Parmesan unterziehen, mit Pfeffer und Salz würzen. Den Teig auf ein Blech oder eine Platte gießen und in den Kühlschrank stellen. Anschließend in fingerdicke Stücke schneiden und in Öl von beiden Seiten braten oder frittieren.

Für die Vinaigrette die Tomaten im vorgeheizten Ofen einige Minuten dünsten, bis sie halb weich sind. Grob zerkleinern. Die Zwiebeln in dünne Ringe schneiden, Koriander und Chilis klein hacken. Alle Zutaten mit Essig und Öl vermischen. Die Tintenfische säubern, mit Öl bestreichen und auf dem Holzkohlengrill garen.

Mit Polenta und Vinaigrette als Vorspeise oder Hauptgericht servieren.

Gegrillter Tintenfisch mit Polenta und Tomatenvinaigrette
Chargrilled Octopus with Polenta Chips and Vinaigrette

für 4 Personen

600 g kleine Tintenfische (Seppiolini)
Öl

für die Polenta:
100 g Butter
200 g Maismehl
100 g geriebener Parmesankäse

für die Vinaigrette:
500 g reife Tomaten
500 g Zwiebeln
1 kleines Bund Korianderblätter
1-2 Chilischoten
25 ml Kräuteressig
50 ml Olivenöl

Garnelen
scharf gebraten
Devilled Prawns

für 4-6 Personen

1 kg Garnelen
1 kleine grüne Paprikaschote
50 g Butter
1 EL Dijoner Senf
1 TL Worcestershiresauce
einige Tropfen Tabascosauce
1 EL süßes Chutney
1 TL Tomatenmark
2 TL Grillsauce
2 gehackte Schalotten
1 Prise Cayennepfeffer
⅛ l Sahne
Öl

◆ Die Garnelen schälen, ohne den Kopf abzutrennen, Äderchen entfernen. Die Paprika halbieren und entkernen, das weiße Fruchtfleisch entfernen, die Schote fein würfeln.
In einer Pfanne Butter zerlassen und die Paprika etwa 1 Minute darin dünsten. Die übrigen Zutaten außer Garnelen und Sahne zugeben, pfeffern und salzen. Bei schwacher Hitze unter ständigem Rühren 2 Minuten köcheln.
Die Pfanne vom Herd nehmen und die Sahne einrühren.
Die Garnelen in heißem Öl braten oder auf einem Grill grillen, dabei mit der Sauce bestreichen.
Als Vorspeise oder mit Reis als Hauptgericht servieren.

Garnelen mit Curry
Prawn Curry

für 4 Personen

1 kg ungeschälte oder
    500 g geschälte Garnelen
2 Tomaten
60 g Butter
2 gehackte Zwiebeln
2 gehackte Knoblauchzehen
1 Ingwerwurzel (3 cm)
4 TL Currypulver
1 gehackte rote Chili
350 ml Kokosmilch
1 EL Zitronensaft

◆ Die Garnelen schälen und säubern. Tomaten häuten, klein schneiden und entkernen.
In einem Topf Butter zerlassen, Zwiebeln, Knoblauch und zerkleinerten Ingwer darin leicht anbräunen. Den Ingwer entfernen. Curry, Pfeffer, 1 TL Salz, Tomaten und Chili zugeben, 3 Minuten braten.
Kokosmilch zugießen und bis kurz vor dem Siedepunkt erhitzen. Garnelen und Zitronensaft zugeben, etwa 10 Minuten zugedeckt köcheln – bei vorgekochten Garnelen verringert sich die Zeit auf 5 Minuten.
Beilage: Reis

◆ Für die Pfannkuchen Mehl mit Backpulver, Paprika, Pfeffer und Kräutern würzen. Mit den übrigen Zutaten und Salz zu einem Teig vermischen. 30 Minuten ruhen lassen. Anschließend vier runde, 10 cm große Pfannkuchen backen.
In einer Pfanne die Hälfte des Öls erhitzen und die mit Pfeffer gewürzten Garnelen kurz darin braten. Herausnehmen und zur Seite stellen.
Limonensaft sowie Brühe in die Pfanne gießen und bis zur Hälfte einkochen. Sahne zufügen, 2 Minuten köcheln. Die Pfanne vom Herd nehmen und Butter einrühren.
Die Gemüsestäbchen blanchieren. In einer zweiten Pfanne das restliche Öl erhitzen, Warrigalblätter und Gemüsestäbchen kurz darin anbraten.
Zum Servieren etwas Sauce auf jeden Teller geben, je drei Warrigalblätter anordnen, den Pfannkuchen in der Mitte platzieren, die Garnelen auslegen und mit Gemüsestäbchen garnieren.

Garnelen auf Wattlepfannkuchen
Prawns on a Wattle Pancake

für 4 Personen

20 frische Garnelen
2 EL Macadamianussöl
50 ml Saft der Australischen Limone
¼ l Fischbrühe
100 ml Sahne
60 g Butter
verschiedene Gemüsestäbchen (Möhren, Zucchini, Spargel)
12 Warrigal- oder Spinatblätter

für die Pfannkuchen:
1 Tasse Mehl
1 TL Backpulver
Paprika
gemischte Kräuter
1 Ei
1 EL gekochtes Wattle
50 ml Milch
Butter oder Öl

Hummer Thermidor
Lobster Thermidor

für 4 Personen

3-4 Hummer (je 500 g) oder
  2 entsprechend größere
Butter
1 EL Mehl
1 fein gehackte Zwiebel
300 ml heiße Milch
Thymian
1 Lorbeerblatt
Petersilie
geriebene Muskatnuss
100 ml Sahne
1 TL Senfpulver
1 Prise Cayennepfeffer
30 ml trockener Sherry
½ TL Worcestershiresauce
3 EL geriebener
  Parmesankäse
Paprika

◆ Frische Hummer in siedendes See- oder Salzwasser geben und 10 Minuten kochen. Tiefgefrorene Hummer nach dem Erreichen des Siedepunktes etwa 10 Minuten kochen, bis sich die Schalen rötlich färben.

Nach dem Abkühlen die Hummer der Länge nach aufschneiden und das Fleisch vorsichtig herausnehmen ohne die Schalen zu zerbrechen – auch die cremigen grünen Teile sowie Leber und Rogen sind essbar, die schwammigen Teile zwischen Fleisch und Schale jedoch nicht. Das Fleisch der Scheren in kleine Würfel, das Schwanzfleisch in Scheiben schneiden. Die Schalen in eine oder mehrere feuerfeste Formen oder auf ein Backblech stellen.

In einem Topf 1 EL Butter zerlassen, mit Mehl verrühren und 1 Minute erhitzen. Die Zwiebel zugeben und bei mittlerer Hitze garen. Nach und nach Milch unterrühren. Die Kräuter, eine Prise Muskat, Pfeffer und Salz zugeben, etwa 10 Minuten köcheln.

Sahne zugießen und aufkochen. Den Topf vom Herd nehmen und abgießen, so dass die Kräuter im Sieb bleiben. Die Sauce zurück in den Topf gießen, Senfpulver, Cayennepfeffer, Sherry und Worcestershiresauce einrühren. Das Hummerfleisch zugeben und kurz erhitzen.

Die Hummerschalen mit Hummerfleisch und Sauce füllen, mit Parmesan und Paprika bestreuen. Mit einigen Butterflocken belegen und überbacken, bis der Käse eine goldene Farbe annimmt.

◆

Gemüse
Vegetables

◆

◆ Für das Relish Tomaten und Zwiebeln klein hacken, salzen und 24 Stunden ziehen lassen. Am nächsten Tag abgießen und in einen Topf geben. Essig zugeben, bis die Mischung gerade bedeckt ist. Nach und nach Zucker einrühren. Nelken sowie Chilis zugeben und alles zum Kochen bringen. Das Relish zwei bis drei Stunden bei schwacher Hitze ziehen lassen. Vor dem Servieren Nelken und Chilis entfernen, abkühlen lassen.
Zucchini und Käse reiben, Maiskörner von den Kolben lösen. Alles in eine Schüssel geben und mit gehacktem Basilikum, etwas Pfeffer und Salz, Eiweiß sowie wenig Mehl zu einer Masse vermischen, die dick genug ist, um daraus Bällchen formen zu können.
Die Bällchen kurz frittieren, auf Küchenpapier abtropfen lassen und heiß mit dem Relish servieren.

Zucchini- und Maisbällchen mit Tomaten-Zwiebel-Relish
Zucchini and Corn friters with Tomato and Onion Relish

am Vortag beginnen,
4 Stunden Vorbereitungs- und Kochzeit
für 4 Personen

4 Zucchini
50 g Käse
2 Maiskolben
Basilikum
3 Eiweiß
Mehl
Öl zum Frittieren

für das Relish:
1½ kg Tomaten
250 g Zwiebeln
weißer Essig
nach Geschmack: Zucker
Gewürznelken
3 Chilischoten

Bananen-Pakalolo
Banana Pakalolo

4 Stunden Vorbereitungs-
und Kochzeit
für 3 Personen

3 reife Bananen
2 kg Maniokwurzel
¼ Tasse Zucker
½ Tasse Mehl
abgeriebene Zitronenschale
3 Kokosnüsse (Milch)

»Pakalolo« ist bei den Aborigines in Nordaustralien die Sammelbezeichnung für Gerichte, die aus geriebener Maniokwurzel zubereitet werden.

◆ Die etwa 4 mm dicke äußere Schale und die weichen Stellen der Maniokwurzel entfernen. Den Maniok auf einem Reibeisen mit feinen Löchern (1 bis 2 mm) reiben – bis zu dem etwa 12 mm starken und sehr faserigen Wurzelstrunk, der weggeworfen wird. Etwas Wasser zum Fruchtfleisch gießen, den Brei in einem Leinentuch ausdrücken und die Flüssigkeit in einem Topf auffangen. Den Topf zur Seite stellen und warten, bis sich nach kurzer Zeit die Pfeilwurzelstärke am Boden abgesetzt hat. Die darüber liegende Schicht Wasser abgießen, die Stärke zu den ausgedrückten Maniokraspeln geben. Zucker, Mehl, Zitronenschale und zerdrückte Bananen hinzufügen, alles gut miteinander verrühren.

Den Teigfladen etwa drei Stunden backen. Mit einem Holzstäbchen prüfen, ob der Pakalolo fertig ist: Der Teig muß am Stäbchen haften bleiben. Aus dem Ofen nehmen und mit Kokosmilch übergießen, dabei ständig mit einem scharfen Messer einschneiden. Die Hitze aus dem Teig treibt das Öl aus der Kokosmilch – sie wird vom Teig aufgesogen.

Eignet sich als Beilage zu Fisch.
Pakalolo hält sich im Kühlschrank und kann in heißem Erdnussöl wieder aufgebraten werden.

»Sabee Sabee« ist die Bezeichnung für Gerichte, die durch Köcheln in Kokosmilch zubereitet werden. Kumala sind Süßkartoffeln. Dieses Gericht stammt von den Aborigines in Nordaustralien.

◆ Die Gemüse schälen, die dicke äußere Schale der Süßkartoffeln vollständig entfernen. In 2,5 cm große Würfel schneiden, mit der geviertelten Zwiebel und etwas Salz in einen Topf geben. Mit Kokosmilch bedecken, aufkochen und etwa 10 Minuten köcheln.
Das Fruchtfleisch aus den Bananen schaben, in den Topf geben und weiterköcheln, bis das Gemüse gar ist.

Variante:
Jede der drei Gemüsesorten kann weggelassen und durch die anderen beiden ersetzt werden.

Sabee Sabee Kumala

für 4 Personen

250 g Süßkartoffeln
250 g Kürbis
250 g Yamswurzel oder Taro
1 kleine Zwiebel
2 Kokosnüsse (Milch)
4 grüne Bananen (möglichst
   Kochbananen)

◆ Für die Sauce die Buschtomaten 24 Stunden in Wein marinieren. Am nächsten Tag die Paprika halbieren und entkernen, das weiße Fruchtfleisch entfernen, die Schote grob hacken. Die Zwiebel grob würfeln, mit Paprika, Tomaten und Sahne vermischen. Die Sauce einkochen und pürieren, bis sie weich ist.
In einer Pfanne Butter zerlassen und die Gemüsescheiben kurz darin braten, bis sie weich sind. Schichtweise anordnen, beginnend mit Aubergine, und jede Lage mit gemahlener Buschtomate würzen. Im heißen Ofen 10 Minuten braten.
Mit Käse bestreuen und weitergrillen, bis sich der Käse bräunt.
Die Sauce erhitzen, über die Lasagne geben und alles mit einer Prise gemahlener Buschtomaten abrunden.

Variante:
Das Rezept kann auch mit handelsüblichen Lasagneblättern oder anderen Teigwaren zwischen den Gemüseschichten zubereitet werden. Die Gemüsearten nach Wunsch ergänzen oder ersetzen.

Gemüse-Lasagne
Vegetarian Lasagna

24 Stunden marinieren
für 1 Person

2 Scheiben junge Aubergine
2 Scheiben Tomate
4 Scheiben Champignon
12 Scheiben mittelstarke
   Zucchini
gemahlene Buschtomaten
Butter
¼ Tasse geraspelter
   Mozzarella

für die Sauce:
¼ Tasse Buschtomaten
⅛ l Rotwein
1 rote Paprikaschote
1 kleine Zwiebel
100 ml Sahne

Kartoffeln Lord Byron
Potatoes Lord Byron

für 4 Personen

4 große Kartoffeln
Butter
1-2 EL gehackter
   Schnittlauch
Sahne
Cheddar- oder Parmesankäse

◆ Die Kartoffeln säubern, einige Male anstechen und mit Schale im auf 190°C vorgeheizten Ofen etwa eine Stunde backen.
Herausnehmen und der Länge nach halbieren, das Innere mit einem Löffel so weit ausheben, dass die Hälften Schiffchen bilden. Die Kartoffelmasse grob zerkleinern, mit Pfeffer und Salz abschmecken.
In einer Kasserolle etwas Butter zerlassen und die Masse kurz darin anbraten. Schnittlauch untermischen, in die Schiffchen füllen, mit etwas Sahne beträufeln und mit geriebenem Käse bestreuen. In Ofen oder Grill bräunen und den Käse schmelzen.

Röstkartoffeln
Roast Potatoes

für 4-6 Personen

6 Kartoffeln (gleiche Größe)
Öl

◆ Die Kartoffeln schälen und salzen. In einer Pfanne 2 bis 3 cm Öl erhitzen und die Kartoffeln darin wälzen, bis sie von allen Seiten Fett angenommen haben. Im auf 200°C vorgeheizten Ofen 40 bis 50 Minuten braten, je nachdem, wie knusprig sie sein sollen. Dabei gelegentlich wenden und mit Öl begießen.
Herausnehmen und mit Küchenpapier trockentupfen.

Auch Zwiebeln, Möhren und Kürbis eignen sich für diese Art der Zubereitung.

Variante:
Die Kartoffeln 10 Minuten vorkochen – die Bratzeit im Ofen verringert sich entsprechend. Nach dem Kochen ebenfalls trockentupfen, mit einer Gabel einritzen und salzen.

◆ Die Bohnen in Salzwasser kurz kochen. Abgießen und in kaltes Wasser geben, um den Kochprozess zu stoppen und die Bohnen nicht zu weich werden zu lassen. Tomaten häuten, klein schneiden und entkernen.
In einer Kasserolle Öl erhitzen, Knoblauch und Zwiebel darin anbräunen. Tomaten und Salbei zugeben, mit Pfeffer und Salz abschmecken, etwa 7 Minuten dünsten. Bohnen vorsichtig unterrühren und abschmecken, weitere 3 Minuten dünsten. Auf einer vorgewärmten Platte mit Petersilie bestreut servieren.

Grüne Bohnen mit Tomaten
Green Beans with Tomatoes

für 4 Personen

750 g grüne Bohnen
4 Tomaten
2 EL Öl
2 gehackte Knoblauchzehen
1 gehackte Zwiebel
5 Salbeiblätter
gehackte Petersilie

◆ Die Tomaten in dicke Scheiben schneiden. Eine Gratinpfanne mit Butter einfetten und mit einer Schicht Tomaten auslegen. Pfeffer, Salz, etwas fein gehackten Knoblauch oder Zwiebel darüber streuen, mit einer Schicht Brotkrumen bedecken. Mit einer Prise Kräuter bestreuen und einige Butterflocken darauf setzen.
Die Schichtung ein- oder zweimal wiederholen, mit Brotkrumen und Butter abschließen. Bei 190 °C 20 bis 30 Minuten backen.

Überbackene Tomaten
Scalloped Tomatoes

für 4 Personen

6 Tomaten
50 g Butter
1 Knoblauchzehe oder
   1 kleine Zwiebel
1 Tasse weiche
   Weißbrotkrumen
2 EL gehackte
   Kräutermischung
   (Basilikum, Thymian,
   Petersilie)

◆

Nachspeisen
Desserts

◆

Das Dessert besteht aus einem großen, runden Baiser mit einem weichen Inneren und einer leichten Vertiefung auf der Oberseite, die mit allerlei schmackhaften Zutaten gefüllt wird: Schlagsahne mit verschiedenen Früchten, vor allem Passionsfrucht und Kiwi, deren Herbe einen angenehmen Kontrast zur Süße der Sahne bilden.

Über die Erfindung der Pavlova kursieren zwei Geschichten. Am bekanntesten ist die Version, wonach Herbert Sachse während seiner Zeit im Hotel Esplanade in Perth von dessen Besitzerin im Jahre 1935 gebeten wurde, für einen stilvollen Nachmittagstee etwas ganz Besonderes zu kreieren. Nachdem er einen Monat experimentiert hatte, präsentierte er das heutzutage berühmte Dessert, das wegen seiner Leichtigkeit und Luftigkeit nach der russischen Ballerina Anna Pavlova benannt wurde, die 1929 in Perth zu Gast gewesen war.

Das berühmte Dessert kennt viele variantenreiche Rezepte. Die Hauptzutaten einer traditionellen Pavlova sind immer Eiweiß und Zucker. Dazu kommen etwas Salz und eventuell Weinstein, Maismehl, Essig und Zitronensaft. Salz und Weinstein stabilisieren das Eiweiß und halten das luftige Volumen der Baisermasse. Das Maismehl unterstützt das Austrocknen der Masse, verleiht ihr eine feste Kruste und ein weiches Inneres, das eine Konsistenz wie Marshmallows oder Kinderspeck hat. Dem gleichen Zweck dienen auch Essig und Zitronensaft.

Baiser oder Meringe, wie es auch genannt wird, ist ein sehr altes Konfekt. Es wurde zuerst 1720 von einem schweizerischen Zuckerbäcker namens Gasparini in dem Städtchen Meiringen nahe der italienischen Grenze hergestellt.

Pavlova

6 Eiweiß
2 Tassen feiner Zucker
1½ TL Essig
1 TL Vanillearoma
1 EL Maismehl

für die Füllung:
300 ml Sahne
5 Passionsfrüchte
Kiwischeiben
Erdbeeren

◆ Eiweiß und ½ TL Salz steif schlagen. Löffelweise den Zucker zugeben und jedes Mal gut durchschlagen. Essig, Vanille und Maismehl unterheben. Die Masse auf ein leicht eingefettetes Backpapier oder Blech geben und mit einem Löffel in eine runde, gleichmäßig hohe Form (etwa 20 cm Durchmesser) bringen, die an den Rändern vom Löffel leicht gewölbt sein kann und in der Mitte eine Vertiefung für die Füllung bekommt. Bei etwa 150°C etwa 45 Minuten backen, bis die Oberfläche knusprig wird und sich zu bräunen beginnt.

Den Ofen abstellen und die Pavlova darin abkühlen lassen.

Für die Füllung die Sahne schlagen, das Fruchtfleisch unterheben. Die Sahne in die Vertiefung geben, mit Kiwis und Erdbeeren garnieren.

Die Pavlova wird traditionell auf einer Platte mit hohem Mittelfuß serviert.

Variante:

Die Füllung statt mit den genannten Früchten mit einer Banane zubereiten: Sahne schlagen und in die Vertiefung geben. Die Banane in Scheiben schneiden und in Zitronensaft tunken, um sie frisch zu halten. Die Sahne mit Bananenscheiben und gehobelten Mandeln garnieren.

Die wahrscheinlich neueste Version dieses Desserts ist ein Beitrag von Jean-Paul Bruneteau, Chef des Restaurants »Riberry – Taste Australia« in Sydney. Er verwendet das unverwechselbare Aroma von Wattleessenz, um der Füllung einen echt australischen Charakter zu verleihen. Die Wattlesahne wird auf die Baiserlage gestrichen, die dann eingerollt wird.

◆ Ein Backblech mit wenig Butter einfetten und mit Pergamentpapier auslegen.
Die Wattlekörner mit ¼ l Wasser verrühren, zum Kochen bringen und auf die Hälfte einköcheln. Den Sud abgießen und auffangen, die Hälfte des Wattle entfernen, die andere Hälfte zurück in den Sud geben. Mit Maismehl bis zur Streichfähigkeit andicken und abkühlen lassen.
Eiweiß schlagen, bis sich weiche Spitzen bilden. Nach und nach die Hälfte des Puderzuckers zufügen und weiterschlagen, bis das Eiweiß steif wird. Den restlichen Puderzucker unter Zugabe von Essig unterheben und verrühren. Die Masse gleichmäßig und ohne Luftblasen auf das Pergamentpapier streichen.
Nüsse mit Raffinadezucker und Zimt verrühren, im Mixer zerkleinern, bis sie fein gehackt sind. Über die Baisermasse streuen. Im auf 150 °C vorgeheizten Ofen 25 Minuten backen.
Auf ein mit einem Geschirrtuch belegtes Kuchenbrett stürzen und abkühlen lassen. Mit einem Sägemesser an den Rändern und Ecken gerade schneiden, das Pergamentpapier vorsichtig entfernen.
Die Sahne schlagen, bis sie eindickt. Kalte Wattleessenz zugeben und weiterschlagen, bis die Sahne steif ist. Die Creme gleichmäßig auf das Baiser streichen und die Pavlova wie eine Biskuitrolle einrollen.

Gerollte Wattlepavlova
Rolled Wattle Pavlova

2 gehäufte TL Wattle
Butter
Maismehl
6 Eiweiß
1½ Tassen Puderzucker
1 TL Essig oder durchgeseihter Zitronensaft
100 g Haselnüsse
100 g Pekannüsse
50 g Macadamianüsse
½ Tasse feiner Raffinadezucker
1 gehäufter TL gemahlener Zimt
200 ml Sahne

Apfelschnee
Apple Snow

1 Stunde kühl stellen
für 4 Personen

4 große Äpfel (Granny
   Smith)
½ Tasse Zucker
1 EL Zitronensaft
2 Eiweiß
gemahlener Zimt

Die aus Australien stammenden Granny-Smith-Äpfel sind die passende Zutat für dieses leichte und köstliche Dessert an heißen Sommertagen.

◆ Äpfel schälen, entkernen und grob hacken. Mit dem Zucker in ¼ l Wasser zum Kochen bringen und bei mittlerer Hitze zugedeckt köcheln, bis sie weich sind.
Durch ein Sieb passieren oder im Mixer pürieren und in eine tiefe Schüssel geben. Zitronensaft unterrühren, Eiweiß steif schlagen und unterheben.
Den Apfelschnee in vier Gläser füllen und vor dem Servieren mindestens eine Stunde in den Kühlschrank stellen.
Mit Zimt bestreut servieren.

Da das Eiweiß roh verzehrt wird, nur sehr frische Eier verwenden.

Varianten:
◆ Statt Zitronensaft trockenen Weißwein, Rum oder Brandy verwenden.
◆ Die Äpfel mit zwei Gewürznelken und einem Stück Zitronenschale kochen. Die Gewürze nach dem Kochen entfernen.
◆ Mit einem Sahnehäubchen sowie gerösteten Mandelsplittern dekorieren und dann mit Zimt bestreuen.

Dieses traditionelle, leichte Dessert gewinnt seinen australischen Charakter vor allem durch die Verwendung frischer Passionsfrüchte.

◆ Die Gelatine in ½ Tasse Wasser einweichen.
In einem Topf Mehl und Zucker verrühren, mit etwas Orangensaft zu einer weichen Paste verarbeiten. Den restlichen Orangensaft sowie 375 ml Wasser einrühren und bei mittlerer Hitze unter ständigem Rühren zum Kochen bringen.
Den Topf vom Herd nehmen und die Gelatine unterrühren, bis sie sich aufgelöst hat. In eine große Rührschüssel geben und kühlen, bis die Mischung eindickt. Mit einem Rührgerät schlagen, bis die Masse dick wird und sich ihr Volumen mindestens verdoppelt. Zitronensaft sowie Fruchtfleisch unterrühren und die Schüssel in den Kühlschrank stellen.
In breite Gläser füllen und mit Sahne dekorieren.

Flammeri mit Passionsfrüchten
Passionfruit Flummery

für 6 Personen

⅛ l Fruchtfleisch von Passionsfrüchten
1 EL Gelatine
2 EL Mehl
1 Tasse Zucker
⅛ l Orangensaft
1 EL Zitronensaft
zum Garnieren: Schlagsahne

◆ Die Erdbeeren waschen, entstielen und in eine Schüssel geben. Mit 40 g Zucker bestreuen. Curaçao und Fruchtfleisch vorsichtig untermischen. Die Schüssel zudecken und mehrere Stunden in den Kühlschrank stellen, damit sich das Aroma entfalten kann.
Sahne mit etwas Zucker und Vanillezucker steif schlagen. Die Erdbeermischung zum Servieren in Gläser füllen und mit der Sahne dekorieren.

Variante:
Statt der Passionsfrüchte den Saft einer Orange verwenden.

Erdbeerdessert
Strawberry Dessert

mehrere Stunden kühl stellen
für 4 Personen

400 g Erdbeeren
Zucker
3 EL Curaçao
3 Passionsfrüchte
150 ml Sahne
Vanillezucker

Pfirsich Melba
Peach Melba

für 4 Personen

4 frische Pfirsiche
100 g Zucker
1 Vanillestange
500 g Himbeerpüree
75 g Puderzucker
2 Tassen Vanilleeis

Der Erfinder des Originalrezeptes, Auguste Escoffier, servierte dieses Dessert in einer Silberschüssel, die im Körper eines aus Eis geformten Schwanes lag. Benannt wurde es 1892 zu Ehren der australischen Opernsängerin Nellie Melba.

◆ In einem Topf ½ l Wasser, Zucker und Vanille bei mittlerer Hitze unter Rühren erwärmen, bis sich der Zucker zu Sirup aufgelöst hat. 5 Minuten köcheln.
Die geschälten Pfirsiche ganz oder halbiert zugeben und einige Minuten erhitzen, bis sie gerade gar sind. Herausnehmen, abtropfen lassen und auf einem Teller in den Kühlschrank stellen.
Das Himbeerpüree nach und nach mit gesiebtem Puderzucker verrühren, bis es zähflüssig wird.
Das Eis in Gläsern anordnen, mit den Pfirsichen belegen und mit Himbeersauce übergießen.

Variante:
Die Himbeersauce mit einigen Tropfen Zitronensaft und Brandy verfeinern.

Soufflé mit Passionsfrüchten
Passionfruit Soufflé

für 4 Personen

125 g Fruchtfleisch von
   Passionsfrüchten
⅛ l Sahne
1 EL Gelatine
4 Eier
180 g Zucker
1 ungespritzte Zitrone (abgeriebene Schale und Saft)

◆ Die Sahne steif schlagen. Gelatine und 3 EL Wasser mit einer Gabel schlagen, bis sie sich aufgelöst hat, kühl stellen.
Die Eier trennen. Zucker, Zitronensaft, Fruchtfleisch und Eigelb in einer Schüssel im heißen Wasserbad schlagen, bis die Masse eindickt. Ebenfalls kühl stellen.
Gelatine sowie Zitronenschale zugeben und sich leicht setzen lassen. Die Schlagsahne unterheben. Eiweiß steif schlagen und unter die Mischung heben.
In Gläser gefüllt servieren.

Ayers Rock, der berühmteste Felsen des Fünften Kontinents, erhebt sich inmitten der großen Wüste.

In der Region um den Hanging Rock im südlichen Australien breitet sich endloses Farmland aus.

Das tasmanische Klima ähnelt stark dem im englischen Mutterland. Das Land wurde daher von den Siedlern schon früh landwirtschaftlich genutzt.

◆ Den Pfirsichsaft abgießen und die Pfirsiche halbiert oder gewürfelt in feuerfeste Schüsselchen geben. Das Müsli im Grill toasten.
In einem Topf 2 EL Kokossahne und Zucker bei schwacher Hitze auflösen. Restliche Kokossahne zufügen und die Mischung über die Pfirsiche geben.
Mehl und Butter in das Müsli reiben, bis Streusel entstehen. Die Pfirsiche damit bedecken, mit einer Prise Muskat bestreuen.
Im Grill erhitzen, bis die Oberfläche eine goldbraune Farbe annimmt.

Pfirsich mit Kokos und Streusel
Coconut Peach Crumble

für 4 Personen

1 Dose Pfirsiche (820 g)
1 Tasse Müsli
150 ml Kokossahne
  (Konserve)
3 EL brauner Zucker
2 EL Mehl
50 g Butter
geriebene Muskatnuss

◆ Eiweiß mit einer Prise Salz steif schlagen, die Sahne ebenfalls steif schlagen. Den Haselnussaufstrich durch leichtes Erwärmen cremig werden lassen. Die Gelatine in 2 TL warmem Wasser auflösen.
Abwechselnd Eiweiß und Aufstrich unter die Schlagsahne heben. Gelatine und zuletzt Kokossahne zugeben, gut verrühren.
In einer größeren Schüssel oder in Portionsgläsern kühlen.

Kokoscreme mit Haselnuss
Hazelnut Coconut Mousse

für 4 Personen

150 ml Kokossahne
  (Konserve)
2 Eiweiß
150 ml Sahne
Haselnussaufstrich
1 TL Gelatine

Traditioneller Weihnachtspudding mit Custardsauce
Traditional Christmas Pudding with Custard Sauce

7 Stunden Vorbereitungs-
und Kochzeit
für 2 Puddings

125 g Mehl
1 TL Backpulver
¼ TL gemahlener Zimt
¼ TL geriebene Muskatnuss
¼ TL gemahlene
   Gewürznelken
¼ TL gemahlener Ingwer
50 g blanchierte Mandeln
125 g kandierte Früchte
50 g kandierte Kirschen
250 g Butter
250 g brauner Zucker
4 Eier
125 g weiche
   Weißbrotkrumen
250 g Rosinen
250 g Sultaninen
125 g Korinthen
125 g Zitronat und Orangeat
75 g gehackte Datteln
50 g gehackte Walnüsse
75 g Backpflaumen
1 EL Orangenmarmelade
1 TL Vanillearoma
1 ungespritzte Zitrone
   (abgeriebene Schale)
4 EL Brandy
⅛ l Milch

Zu Weihnachten pflegen die Australier weiterhin die englischen Traditionen und begehen das Fest mit üppigen Tafeln, die besser zu den kalten Wintertagen in der alten Heimat passen als zur Sommerhitze im Dezember auf dem Fünften Kontinent. Zwar versucht man vielerorts, sich mit kalten Speisen und Salaten dem Klima anzupassen, doch ein Weihnachtsfest ohne Truthahn- oder Entenbraten, ohne geröstete Kartoffeln, Kürbis und Süßkartoffeln ist kein richtiges Fest. Und natürlich darf der schwere Christmas Pudding nicht fehlen, der allerorten noch Plum Pudding, also Pflaumenpudding, heißt, obwohl sich nur selten ein paar Backpflaumen hinein verirren.

◆ Zwei hohe feuerfeste Puddingformen leicht mit Butter einfetten und mit eingefettetem Backpapier auslegen.
Mehl mit Backpulver, einer Prise Salz und gemahlenen Gewürzen in eine große Schüssel sieben. Mandeln und kandierte Früchte hacken, Kirschen halbieren.
In einer zweiten großen Schüssel Butter und Zucker cremig schlagen. Nacheinander die Eier hineingeben und jedes Mal gut verschlagen. Langsam das gesiebte Mehl unterziehen. Nach und nach Brotkrumen, alle Früchte und Nüsse sowie Marmelade, Vanille und Zitronenschale unterrühren. Zuletzt Brandy und Milch untermischen.
Die Formen zu zwei Dritteln mit der Masse füllen, mit einer doppelten Lage eingefettetem Backpapier bedecken, mit einer doppelten Lage Aluminiumfolie und etwas Bindfaden verschließen. Die Puddings in große Töpfe mit kochendem Wasser setzen, das bis knapp an den Rand der Formen heranreichen sollte. Vier Stunden kochen, dabei gelegentlich kochendes Wasser nachgießen.
Abkühlen lassen und an einem kalten Platz aufbewahren. Vor dem Servieren nochmals zwei Stunden kochen.
Währenddessen für die Sauce in einem Topf Milch erhitzen. Den Topf vom Herd nehmen, Eier und Zucker miteinander verschlagen, unter weiterem Schlagen in die Milch geben. Den Topf zurück auf

den Herd stellen und die Sauce unter ständigem
Rühren vorsichtig kochen, bis sie eindickt. Erneut
vom Herd nehmen und abkühlen lassen. Brandy
zugeben. Sahne schlagen und unmittelbar vor dem
Servieren unterheben.
Zum Servieren den Pudding auf zwei Platten stürzen und mit Custardsauce auftragen.

◆ 300 ml Wasser zum Kochen bringen, Datteln
und Natron darin etwas einweichen. Herausnehmen, pürieren und zur Seite stellen.
In einem Mixer Butter, Zucker, Mehl und Backpulver miteinander vermischen. Nacheinander die
Eier zugeben. Puddingformen mit Butter einfetten
und mit Mehl bestäuben. Die Masse hineinfüllen,
in ein Wasserbad stellen und im Ofen bei 175 °C
45 Minuten garen.
Für die Sauce Butter zerlassen und den Zucker
darin auflösen. Sahne zufügen und erneut erhitzen. Zitronensaft und Vanille hinzufügen, eventuell mit einigen TL Wasser etwas verflüssigen.
Den Pudding mit der Sauce übergießen.

für die Sauce:
½ l Milch
3 Eier
75 g Zucker
2 EL Brandy
300 ml Sahne

Dattelpudding mit Butterscotch-Sauce
Sticky Date Pudding with Butterscotch Sauce

für 10 Personen

300 g Datteln
2 TL Natron
250 g Butter
250 g Zucker
250 g Mehl
2 TL Backpulver
4 Eier

für die Sauce:
150 g Butter
150 g brauner Zucker
100 ml Sahne
nach Geschmack:
    Zitronensaft
1½ TL Vanillearoma

Köstlicher Zitronenpudding
Lemon Delicious Pudding

für 4 Personen

1 EL Butter
1 Tasse feiner Kristallzucker
1 ungespritzte Zitrone (abgeriebene Schale und Saft)
2 Eier (getrennt)
1 gehäufter EL Mehl
300 ml Milch

◆ Butter und Zucker cremig schlagen, Zitronensaft und -schale zugeben. Eigelb, Mehl, Milch und eine Prise Salz hinzufügen. Eiweiß steif schlagen und unterheben.
Die Creme in eine Gratinpfanne geben. Im Ofen im heißen Wasserbad bei mittlerer Hitze 45 Minuten backen.

Plum Pudding mit Sago und fester Sauce
Sago Plum Pudding with Hard Sauce

am Vortag beginnen,
3 Stunden Vorbereitungs- und Kochzeit
für 4-6 Personen

3 EL Sago
knapp 300 ml Milch
2 EL Butter
110 g Zucker
1 Tasse weiche Weißbrotkrumen
160 g Rosinen und Sultaninen
1 TL Backpulver

für die Sauce:
130 g Butter
220 g Puderzucker
3 EL Brandy oder Rum

◆ In einer Schüssel Sago und so viel Milch verrühren, bis das Sago bedeckt ist, und über Nacht stehen lassen.
Am nächsten Tag Butter und Zucker cremig schlagen. Sago-Milch, übrige Zutaten und eine Prise Salz unterrühren. Eine eingebutterte Puddingform (1 l Fassungsvermögen) mit der Masse füllen, mit Aluminiumfolie, eingefettetem Backpapier oder einem Deckel verschließen. In einem Topf, der bis zur Hälfte der Form mit Wasser gefüllt ist, etwa drei Stunden dämpfen.
Für die Sauce Butter locker und cremig rühren, nach und nach Puderzucker unterschlagen. Langsam Brandy zugeben und jedes Mal gut schlagen, bis der gewünschte Geschmack erreicht ist. Die Sauce in ein Serviergefäß geben und im Kühlschrank fest werden lassen.
Den Pudding auf eine Platte stürzen, heiß servieren und mit einem großen Löffel Sauce garnieren, die durch die Hitze verläuft.

Varianten:
Den Pudding statt mit fester Sauce mit Custard (Seite 166) oder mit Sahne garnieren.

◆ Die Creme laut Anweisung für Custardpulver zubereiten.

Den Biskuitboden in Stücke schneiden und eine große Schüssel damit auslegen. Mit Marmelade bestreichen, mit Saft beträufeln.

Sahne schlagen und zwei Drittel unter die abgekühlte Creme heben. In die Schüssel füllen, mit Götterspeise, Mandeln, einer Prise Muskat und der restlichen Schlagsahne dekorieren.

Varianten:

◆ Die Custardcreme wie auf Seite 166 beschrieben zubereiten.

◆ Die Füllung kann auch aus sich abwechselnden Schichten von Creme und Früchten – Pfirsiche aus der Dose, Orangen- und Mandarinenstückchen – bestehen.

◆ Sahne und Milch verrühren, Vanille zugeben. In einer Porzellanschüssel Eier, Eigelb, Zucker und eine Messerspitze Salz zu einer Creme verrühren. Sahne zugießen und die Mischung im Wasserbad unter Rühren vorsichtig erhitzen, bis sie dick wird. Schnell in kaltem Wasser abkühlen, dabei gelegentlich umrühren.

In einem verschließbaren Behälter in den Gefrierschrank stellen. Ist das Eis halb gefroren, herausnehmen und mit dem Rührgerät kräftig schlagen, damit das Volumen größer und das Eis leichter wird.

Die Nüsse fein hacken oder reiben und unterrühren. Die Masse zurück in den Gefrierschrank stellen und gefrieren lassen.

Trifle

für 8 Personen

1 Biskuitboden oder
    Rührkuchen
Aprikosen- oder
    Himbeermarmelade
⅛ l Orangensaft oder süßer
    Sherry
350 ml Sahne
rote Götterspeise in Stücken
    oder kandierte Kirschen
gehackte Mandeln oder
    Walnüsse
geriebene Muskatnuss

für die Creme:
600 ml Milch
2 EL Zucker
2 EL Custardpulver

Macadamiaeis
Macadamia Ice Cream

für 6 Personen

375 ml Sahne
¼ l Milch
2 TL Vanillearoma
2 Eier
2 Eigelb
100 g Zucker
50 g kandierte
    Macadamianüsse

Custard
Englische Creme
Custard

für etwa 600 ml

375 ml Milch
⅛ l Sahne
1 Ei
2 Eigelb
3 EL Zucker
1 TL Vanillearoma
Butter

◆ In einer Schüssel Ei, Eigelb, Zucker und Vanille verschlagen. In einem Topf Milch und Sahne erhitzen, zugießen und gut verrühren. Die Mischung zurück in den Topf geben und mit einem Stückchen Butter bei schwacher Hitze unter Rühren erwärmen, bis sie eindickt.
Den Topf vom Herd nehmen, die Creme mit dem Rührgerät kurz schlagen. In ein verschließbares Gefäß füllen und kühlen.

Karamellsauce
Golden Syrup
Caramel Sauce

30 g Butter
2 EL Kondensmilch
30 g brauner Zucker
2 EL Golden Syrup
4 EL heißes Wasser

◆ In einem Topf Butter, Kondensmilch, Zucker und Sirup bei mittlerer Hitze etwa 8 Minuten erwärmen, bis eine schwere Karamellsauce entsteht, die nicht mehr haften bleibt.
Den Topf vom Herd nehmen, nach und nach heißes Wasser zugießen, zurück auf den Herd stellen. Kurz aufkochen und gut verrühren.
Da die Karamellsauce beim Abkühlen eindickt, 2 EL Wasser mehr zugeben, wenn sie kalt verwendet werden soll.

Eignet sich besonders als Ergänzung für Puddings oder als Verfeinerung zu Eis.

◆

Kuchen, Gebäck und Süßigkeiten
Baking and Sweets

◆

◆ Für die Mischung kandierte Früchte, Rosinen, Zitronat und Orangeat in feine Würfel hacken. Mit den übrigen Früchten in eine Schüssel geben, mit Brandy und Sherry beträufeln. Über Nacht ziehen lassen.

Am nächsten Tag eine eingefettete Backform (20 cm Durchmesser) mit Backpapier auskleiden, das etwa 4 cm über den Rand hinausragt. Das Mehl mit Gewürzen, Zimt und einer Prise Salz in eine Schüssel sieben, die Fruchtmischung untermengen.

In einer großen Schüssel Butter, Zucker und Zitronenschale zu einer gleichmäßig weißen Creme verrühren. Marmelade untermischen. Nacheinander die Eier zugeben und die Masse jedes Mal gut schlagen, damit sie leicht und cremig wird. Die Mehl-Frucht-Mischung mit einem Holzlöffel unterrühren. Den Teig in die Form geben und mit angefeuchteter Hand glatt streichen, damit die Oberfläche beim Backen eben bleibt. Bei 150°C etwa zwei Stunden backen.

30 Minuten vor Ende der Backzeit mit einem Stäbchen testen: Bleibt es sauber, ist der Kuchen durch. Dann den Kuchen herausnehmen und sofort mit 1 EL Brandy beträufeln. In ein Geschirrtuch wickeln und abkühlen lassen. Luftdicht aufbewahren.

Für die Glasur die Eiweiß leicht schlagen, gesiebten Puderzucker löffelweise zugeben und weiterschlagen. Den Zitronensaft untermischen, bis die Masse fest wird.

Den Kuchen oben und an den Seiten damit bestreichen, an der oberen Kante Verzierungen in Form von Schnee anbringen. Die Glasur trocknen lassen.

Schwerer Weihnachtskuchen mit königlicher Glasur
Rich Christmas Cake with Royal Icing

am Vortag beginnen,
    2 Stunden Vorbereitungs-
    und Kochzeit

310 g Mehl
1 TL Gewürzmischung
    (gemahlener Ingwer,
    geriebene Muskatnuss und
    Gewürznelken)
1 TL gemahlener Zimt
250 g Butter
220 g brauner Zucker
1 ungespritzte Zitrone
    (abgeriebene Schale)
2 EL Marmelade
5 Eier

für die Mischung:
je 60 g kandierte Kirschen,
    Aprikosen und Ananas
250 g Rosinen
160 g Zitronat und Orangeat
250 g Korinthen
250 g Sultaninen
6 EL Brandy oder Rum
3 EL Sherry

für die Glasur:
500 g Puderzucker
2 Eiweiß
1-2 TL Zitronensaft

Kürbispastete
Pumpkin Pie

1 kg Kürbis
80 g brauner Zucker
1 ungespritzte Zitrone (abge-
    riebene Schale und Saft)
1 ungespritzte Orange
    (abgeriebene Schale)
50 g Sultaninen
1 TL Golden Syrup
1 TL Gewürzmischung
    (geriebene Muskatnuss,
    Gewürznelken und Zimt)
1 EL Mehl
30 g Butter
1 Eiweiß oder Milch
Zucker

für den Mürbeteig:
250 g Mehl
2 TL Backpulver
150 g Butter
1 Eigelb
Zitronensaft

◆ Den Kürbis schälen, entkernen und würfeln. In einen Topf geben, mit Wasser bedecken, eine Prise Salz zufügen und sehr weich kochen.
In einem Durchschlag abtropfen und abkühlen lassen. Anschließend in einer Schüssel mit braunem Zucker, Zitronensaft und -schale, Orangenschale, Sultaninen, Sirup, Gewürzmischung sowie Mehl vermischen.
Für den Teig Mehl, Backpulver und eine Prise Salz in eine Schüssel sieben. Butter unterkneten. Eigelb mit 2 TL Wasser sowie etwas Zitronensaft verrühren, löffelweise zugeben und kneten, bis eine feste Kugel entsteht. Drei Viertel des Teigs ausrollen und eine eingefettete runde flache Kuchenform (23 cm Durchmesser) damit auslegen.
Die Kürbismischung in die Form geben und Butterflocken darauf setzen. Den restlichen Teig ebenfalls ausrollen, in Streifen schneiden und gitterförmig auf die Pastete legen. Die Teigränder zusammendrücken, die Pastete mit geschlagenem Eiweiß bestreichen und mit Zucker bestreuen. Bei 190 °C etwa eine Stunde backen.
Warm oder kalt mit Schlagsahne servieren.

Diese Pastete wird traditionell mit Kürbis der Sorte Gramma zubereitet; ersatzweise kann auch eine andere Sorte mit dunkelorangem Fleisch verwendet werden.

◆ Eine quadratische (23 cm Durchmesser) oder runde (25 cm) Backform mit einer doppelten Lage Backpapier auslegen, das 5 cm über den Rand hinausragt.
Sultaninen, Korinthen und Datteln hacken, Kirschen halbieren. Alles in einem Topf mit Butter, Zucker, Gewürzen und Tee verrühren. Auf den Herd stellen und unter Rühren erhitzen, bis die Butter zergangen ist. Aufkochen und ohne Deckel unter gelegentlichem Rühren 5 Minuten kochen.
Den Topf vom Herd nehmen und völlig abkühlen lassen. Die Eier schlagen, mit Sherry und Marmelade zugeben, alles gut miteinander vermischen. Mehl, Backpulver und ¼ TL Salz hineinsieben und untermischen. Den Teig in die Backform geben und bei etwa 160 °C anderthalb bis zwei Stunden backen.
Herausnehmen und bis zum völligen Abkühlen in Aluminiumfolie einschlagen. Dann aus der Form stürzen und bis zum Anschneiden in der Folie aufbewahren.

Fruchtkuchen
Fruit Cake

2 Stunden Vorbereitungs- und Kochzeit

2 Tassen Sultaninen
2 Tassen Korinthen
1 Tasse getrocknete Datteln
½ Tasse kandierte Kirschen
125 g Butter
1 Tasse brauner Zucker
½ TL gemahlener Zimt
½ TL gemahlener Ingwer
½ TL geriebene Muskatnuss
¼ TL gemahlene Gewürznelken
⅛ l abgekühlter Tee oder Wasser
2 große Eier
⅛ l süßer Sherry
2 EL Marmelade
2 Tassen Mehl
1 TL Backpulver

◆ Die Bananen fein zerdrücken. Butter, Zucker und Vanille cremig rühren. Eier, Bananen und Natron zugeben. Abwechselnd Milch und das mit Backpulver vermengte Mehl unterrühren.
Den Teig in eine Ringform (20 cm Durchmesser) geben und bei 190 °C etwa 30 Minuten backen.
Mit Schlagsahne servieren.

Variante:
Den Kuchen mit Zitronenglasur überziehen.

Bananenkuchen
Banana Cake

3 Bananen
125 g Butter
170 g Zucker
½ TL Vanillearoma
2 Eier
½ TL Natron
2 EL Milch
200 g Mehl
1½ TL Backpulver

Australischer Erdbeerkuchen
Australian Strawberry Sponge Cake

Butter
4 Eier
220 g sehr feiner Zucker
125 g Mehl
1 EL Maismehl
1 TL Backpulver
⅛ l heißes Wasser

für die Füllung:
300 g Erdbeeren
¼ l Sahne
1 EL Zucker
2 EL Erdbeermarmelade
Puderzucker

◆ Zwei gleich große Ringformen mit Butter einfetten, eventuell mit Backpapier auslegen, um ein Anhängen zu vermeiden.
Die Eier schaumig schlagen. Den Zucker löffelweise hineinstreuen und weiterschlagen, bis der Eischnee eine feste Konsistenz hat. Mehl, Maismehl, Backpulver und eine Prise Salz in eine Schüssel sieben und vermischen, nach und nach zum Eischnee geben, vorsichtig unterheben. Heißes Wasser und 1 TL zerlassene Butter schnell einrühren, den Teig in die Formen geben. Bei 190 °C etwa 25 Minuten backen.
Herausnehmen, kurz abkühlen lassen und zum weiteren Kühlen auf einen Backrost legen.
Für die Füllung die Erdbeeren halbieren. Sahne und Zucker schlagen, ein Drittel zur Seite stellen. Die Marmelade vorsichtig unter die verbliebene Menge heben und einen Kuchen mit der Mischung bestreichen. Den zweiten Kuchen darauf legen, mit dem restlichen Drittel Schlagsahne sowie Erdbeeren dekorieren, mit Puderzucker bestäuben.

Apfelrolle
Apple Roll

für 6 Personen

3 Äpfel (Granny Smith)
180 g Mehl
Backpulver
Butter
Milch
Himbeermarmelade
2 EL Sultaninen oder
    Rosinen
100 g Zucker
¼ l heißes Wasser

◆ Mehl und Backpulver in eine Schüssel geben, 60 g Butter unterkneten. Milch zugießen und alles zu einem Teig verarbeiten. Auf einer bemehlten Fläche in Form eines Rechtecks dünn ausrollen, dabei die Größe der Backform berücksichtigen, deren Länge einer Seite des Rechtecks entsprechen sollte.
Mit Marmelade bestreichen, geriebene Äpfel und Sultaninen darüber streuen. Den Teig rollen und in die eingefettete Backform geben. 1 EL Butter und Zucker in heißem Wasser auflösen, über die Rolle gießen. Die Oberfläche mit einigen Kerben versehen und mit etwas Milch einpinseln. Bei 180 °C etwa eine Stunde backen.
Heiß mit Custard (Seite 166) oder Schlagsahne servieren.

◆ Die Ananas abtropfen lassen und in feine Würfel schneiden, die Nüsse hacken.
In einer Schüssel die Eier schlagen. Zucker, Vanille und Öl untermischen und weiterschlagen. Mehl, Backpulver, Zimt und Natron hineinsieben, Möhre, Ananas und Nüsse zugeben, alles gut vermischen.
Den Teig in eine eingefettete Ringform (20 cm Durchmesser) geben und bei 190°C etwa 45 Minuten backen.
Für den Überzug Butter und Käse zerlassen, Zitronenschale und Puderzucker unterrühren. Den Kuchen damit einstreichen und leicht mit Muskat bestreuen.

Möhrenkuchen
Carrot Cake

1 Tasse fein geriebene
  Möhren
100 g Ananas (Konserve)
30 g Walnüsse
2 Eier
170 g Zucker
½ TL Vanillearoma
100 ml Öl
125 g Mehl
1 TL Backpulver
½ TL gemahlener Zimt
knapp 1 TL Natron

für den Überzug:
30 g Butter
60 g Schmelzkäse
1 TL abgeriebene
  Zitronenschale
230 g Puderzucker
geriebene Muskatnuss oder
  Zimt

◆ Zucker und 60 g Butter cremig rühren, nacheinander die Eier hineingeben und gut schlagen. Abwechselnd Milch und das mit Backpulver vermengte Mehl unterrühren.
Eine Puddingform (1 l Fassungsvermögen) mit Butter einfetten und den Sirup hineingießen. Den Teig darüber geben und die Form mit einer doppelten Lage Aluminiumfolie oder Backpapier fest verschließen, deren untere Lage eingefettet ist.
Die Form in einen Topf mit kochendem Wasser stellen, das bis zur Hälfte der Form reicht, und zugedeckt etwa 90 Minuten dämpfen.
Mit Custard (Seite 166) servieren.

Pudding mit Golden Syrup
Golden Syrup Pudding

1½ Stunden Vorbereitungs-
  und Kochzeit
für 6 Personen

100 g Zucker
Butter
2 Eier
200 ml Milch
125 g Mehl
1 TL Backpulver
2 EL Golden Syrup

Anzac-Kekse
Anzac Biscuits

für etwa 50 Stück

1 Tasse Haferflocken
1 Tasse Kokosraspel
1 Tasse Mehl
1 Tasse Zucker
120 g Butter
1 EL Golden Syrup
1 TL Backpulver

Anzac ist die Abkürzung für »Australian and New Zealand Army Corps«, eine Einheit, die im Ersten Weltkrieg auf der Seite der Briten kämpfte und sich auf der Halbinsel Gallipoli am Eingang des Bosporus mit dem türkischen Gegner von April bis Dezember 1915 blutige Kämpfe lieferte. Die Kekse, die die Kriegsteilnehmer von ihren Frauen geschickt bekamen, sind heute noch unter diesem Namen bekannt.

◆ In einer Schüssel Haferflocken, Kokosraspel, Mehl und Zucker miteinander vermischen.
In einem Topf Butter und Sirup bei schwacher Hitze zerlassen. Backpulver mit 3 EL Wasser verrühren und untermischen. Den Topf vom Herd nehmen, die Masse in die Schüssel geben und zu einem feuchten und festen Teig kneten.
Den Teig löffelweise auf ein eingefettetes Backblech geben, so dass etwa 5 cm große flache Plätzchen oder Makronen entstehen. Bei 150° bis 160 °C etwa 20 Minuten bräunen.
Herausnehmen und leicht abkühlen lassen. Zum völligen Abkühlen auf einen Backrost legen.
Luftdicht aufbewahren.

Variante:
Den Teig mit ½ Tasse gehackter Nüsse, einer Prise Salz und einem Ei anreichern.

Puftaloons

für 4 Personen

1 Tasse Mehl
1 TL Backpulver
½ TL Zucker
½ Tasse Milch
Öl
Butter
Golden Syrup, Honig oder
  Marmelade

◆ Mehl, Backpulver, Zucker und ½ TL Salz in eine Schüssel sieben. Milch zugießen und alles zu einem weichen Teig verarbeiten. Auf einer bemehlten Fläche kneten, 1 cm dick ausrollen und in gleich große runde Stücke schneiden.
In einer gusseisernen Pfanne Öl sowie Butter erhitzen und die Teigscheiben bei mittlerer Hitze von beiden Seiten je 5 Minuten darin goldbraun braten.
Sofort heiß mit Sirup servieren.

Lamingtons

Lamingtons tauchten um 1909 erstmals in Kochbüchern auf und sind nach Baron Lamington benannt, dem Gouverneur von Queensland in den neunziger Jahren des 18. Jahrhunderts.

für 12 Stück

120 g Butter
200 g Zucker
1 TL Vanillearoma
2 Eier
⅛ l Milch
2 Tassen Mehl
2 TL Backpulver

◆ Butter zerlassen, mit Zucker und Vanille verschlagen. Nacheinander die Eier zugeben und weiterschlagen. Abwechselnd Milch und das mit Backpulver vermengte Mehl unterrühren.

Eine Lamingtonform (18 x 28 x 3 cm) oder eine andere geeignete Form einfetten, mit Mehl bestäuben und die Masse hineingeben. Bei etwa 180 °C 20 bis 30 Minuten backen.

Den Kuchen herausnehmen und einige Minuten ruhen lassen. Zum Abkühlen auf einen Backrost stürzen. Anschließend in 6 x 7 cm große Stücke schneiden.

für die Glasur:
2 Tassen Puderzucker
3 EL Kakaopulver
30 g Butter
100 ml heißes Wasser
2 Tassen Kokosraspel

Für die Glasur Puderzucker und Kakao in eine Schüssel sieben. Zerlassene Butter und heißes Wasser unterrühren. Die Schüssel in leicht kochendes Wasser stellen, um ein Erstarren der Glasur zu verhindern.

Die Kuchenstücke mit einer Gabel in die heiße Glasur tauchen, abtropfen lassen und in den Kokosraspeln rollen. An einem kühlen Ort fest werden lassen.

Schneebälle
Snowballs

◆ Butter, Zucker und Vanille cremig schlagen. Das Ei zugeben und weiterschlagen. Abwechselnd Milch und Mehl unterrühren.

Flache Pastetenförmchen einfetten und jeweils 1 TL der Mischung hineingeben. Bei starker Hitze 8 bis 10 Minuten backen.

Die Bällchen mit einem Zuckerguss aus Puderzucker und Wasser überziehen und in Kokosraspeln rollen.

¼ Tasse Butter
¼ Tasse Zucker
1 TL Vanillearoma
1 Ei
3 EL Milch
1 Tasse Mehl
Puderzucker
1 Tasse Kokosraspel

Variante:
Die Bällchen zusätzlich in flüssigem Gelee und dann in Kokosraspeln rollen. Aufschneiden und mit Schlagsahne füllen.

Scones mit Kürbis
Pumpkin Scones

für 4 Personen

1 Tasse gekochter und
  zerdrückter süßer Kürbis
1 EL Butter
1 EL Honig
½ TL abgeriebene
  Orangenschale
1 Ei
Milch
250 g Mehl

◆ Butter mit Honig und Orangenschale cremig schlagen. Den Kürbis unterrühren, das geschlagene Ei zugeben und vorsichtig ½ Tasse Milch zugießen. Mehl hineinsieben, eine Prise Salz zugeben und alles zu einem Teig kneten.
Auf einer bemehlten Fläche 2 cm dick ausrollen. Stücke von etwa 4 cm Durchmesser ausschneiden, mit etwas Milch einpinseln und auf einem eingefetteten Blech bei 220 °C etwa 15 Minuten backen.
Wie Brötchen aufschneiden oder im Ganzen mit Butter und Marmelade oder Golden Syrup zum Nachmittagstee servieren.

Käsebeutel
Cheese Puffs

für 12 Formen oder
  60 Löffelportionen

125 g geriebener Käse
150 g Mehl
2 TL Backpulver
1 Ei
200 ml Milch
Butter

12 Pastetenförmchen

◆ In einer Schüssel Käse, Mehl und Backpulver miteinander vermischen, nach Geschmack pfeffern und salzen. In einer zweiten Schüssel das Ei schlagen, die Milch unterziehen und alles unter die Käse-Mehl-Mischung rühren. Zuletzt 2 EL zerlassene Butter untermischen.
Den Teig auf eingefettete Pastetenförmchen verteilen oder mit einem Löffel etwa 60 Portionen auf ein eingefettetes Backblech geben. Bei etwa 210 °C 10 Minuten goldbraun backen.
Herausnehmen und abkühlen lassen oder die größeren Pasteten – am besten in heißem Zustand – aufschneiden und mit Butterflocken servieren.

◆ Milch, Vanille, Eier und 100 g Zucker gut verrühren. Die Weißbrotscheiben von beiden Seiten
mit Butter bestreichen, diagonal vierteln und leicht
überlappend in mehreren Schichten in eine feuerfeste Form geben. Jede Schicht mit Trockenfrüch-
ten, 1 EL Zucker sowie je einer Messerspitze Muskat und Zimt bestreuen.
Mit der Milch übergießen, nochmals mit Zucker
und Gewürzen bestreuen, einige Minuten ruhen
lassen. Bei 180 °C direkt oder im Wasserbad etwa
40 Minuten goldbraun backen.
Mit Custard (Seite 166) oder Schlagsahne servieren.

Arme Ritter
mit Rosinen
Bread and Butter
Pudding

für 6 Personen

10 Scheiben altbackenes
   Weißbrot ohne Kruste
600 ml Milch oder 500 ml
   Milch und 100 ml Sahne
1 TL Vanillearoma oder
   -zucker
4 Eier
(brauner) Zucker
Butter
200 g Sultaninen und
   Rosinen
geriebene Muskatnuss
gemahlener Zimt

◆ Die Eiweiß steif schlagen. Zucker zugeben und
weiterschlagen, bis die Masse dick und glänzend
ist. Mehl und Mandelstifte unterziehen.
Den Teig in eine leicht eingefettete Kuchenform
(etwa 25 x 8 cm) geben und im auf 170 °C vorgeheizten Ofen 30 Minuten backen.
In der Form abkühlen lassen, herausheben und in
ein Tuch eingewickelt einige Tage ruhen lassen.
In möglichst dünne Scheiben schneiden. Auf einem Backblech anordnen und bei 150 °C etwa
40 Minuten backen, bis die Scheiben trocken und
knusprig sind.

Mandelbrot
Almond Bread

einige Tage ruhen lassen
für 6 Personen

125 g blanchierte
   Mandelstifte
3 Eiweiß
100 g Zucker
125 g Mehl

Ingwerbrot
Ginger Bread

2 Tage ruhen lassen

125 g Mehl
1 TL Backpulver
1 TL gemahlener Ingwer
1 TL Kakaopulver
1 TL gemahlener Zimt
60 g Butter
2 EL Golden Syrup
160 g (brauner) Zucker
½ TL Natron
⅛ l Milch
4 Eier

◆ Mehl, Backpulver, Ingwer, Kakao, Zimt und eine Prise Salz in eine Schüssel sieben und miteinander vermischen. In einer zweiten Schüssel Butter mit Sirup und Zucker zu einer lockeren Creme rühren. Das Natron in Milch auflösen. Mehlmischung, Eier und Milch unter in die Creme ziehen und kräftig schlagen, bis Luftblasen entstehen.
In eine mit eingefettetem Backpapier ausgelegte Kuchenform füllen und bei 180°C etwa 40 Minuten backen.
Vor dem Anschneiden zwei Tage luftdicht aufbewahren, damit sich das Aroma entfalten kann.

Scones mit Trockenfrüchten
Date or Currant Scones

für 12 Stück

125 g Mehl
1 TL Backpulver
geriebene Muskatnuss
Butter
60 g Zucker
70 g gehackte Datteln oder
    Korinthen
1 Ei
¼ l Milch

Diese Scones sind auch unter der Bezeichnung »Shearers' Scones« (Scherer-Scones) bekannt.

◆ Mehl, Backpulver, ½ TL Salz und eine Messerspitze Muskat in eine Schüssel sieben. 60 g Butter unterkneten, Zucker und Trockenfrüchte untermischen. Eine Vertiefung bilden, Ei sowie Milch hineingeben und alles zu einem weichen Teig kneten. Auf einer bemehlten Fläche 2,5 cm dick ausrollen oder mit der Hand ausbreiten. Die Scones mit einem Glas (5 cm Durchmesser) ausstechen und auf ein eingefettetes Backblech legen. Mit etwas Milch einpinseln und im auf 230°C vorgeheizten Ofen 15 bis 20 Minuten backen.
Warm mit Butter servieren.

Der australische Damper stammt aus den Zeiten, als Waldläufer und Viehtreiber über Land zogen und sich im Busch auf einfache Weise bekochen mussten; er wurde 1827 zum ersten Mal erwähnt. Ursprünglich wurde dieses Weißbrot direkt in der heißen Asche des Lagerfeuers gebacken, später dann im so genannten Camp Oven, einem großen gusseisernen Universaltopf, der auf die Asche gesetzt wurde. Gewöhnlich wurden nur Mehl, Wasser und Salz verrührt, Backpulver und Milchpulver kamen dazu, wenn sie gerade einmal vorhanden waren. Zucker galt bereits als kleiner Luxus.

Buschbrot
Damper

4 Tassen Mehl
5 TL Backpulver
1-2 TL Salz
1 EL Zucker
Milch

◆ Mehl, Backpulver und 1 bis 2 TL Salz in eine Schüssel sieben, Zucker untermischen. Eine Vertiefung bilden, je 200 ml Milch und Wasser hineingeben und – in Anlehnung an die traditionelle Methode des 19. Jahrhunderts, als es kein Rührgerät gab und das manuelle Kneten des Teiges im Busch wahrscheinlich zu unappetitlich war – die Mischung mit einem Messer schnell zu einem Teig verrühren.

Den Teig auf ein Backblech geben, mit einem Teigspatel zu einem runden Laib formen. Mit etwas Milch einpinseln, mit Mehl bestäuben und mit einem Messer kreuzförmig tief einschneiden. Bei starker Hitze etwa 45 Minuten backen, bis das Brot durch und die Kruste goldbraun ist.

In warmem Zustand in Scheiben schneiden und mit Butter sowie Golden Syrup servieren.

Variante:
Für das Backen im Camp Oven die Zutaten verdoppeln und den Teig kugelförmig kneten. Den Topf gut einfetten, die Teigkugel hineingeben und ebenfalls einpinseln, bestäuben und einschneiden. Anschließend mit aufgesetztem Deckel 30 bis 45 Minuten in der Asche des Lagerfeuers backen, je nach vorhandener Hitze.

Australisches Brot
Bushfood Bread

1 Stunde ruhen lassen

2½ Tassen ungebleichtes
  Mehl
2½ Tassen Vollkornmehl
30 g Bäckerhefe
400 ml warmes Wasser
200 ml Magermilch

Zusätze (Variante 1):
1 Tasse Honig aus dem
  Regenwald
1 Tasse fein gehackte oder
  geraspelte Macadamia-
  nüsse
1 TL gemahlene Blätter
  Zitronenmyrte oder
  Australischer Anis

Zusätze (Variante 2):
1 Tasse Buschhonig
1 Tasse frische kernlose
  Riberry-Früchte
½ TL gemahlener Zimt

Zusätze (Variante 3):
⅛ l Golden Syrup oder
  Ahornsirup
1 EL Wattle, gekocht in
  ⅛ l Wasser und abgekühlt
2 Bananen, gehackt oder
  zerdrückt

◆ Hefe mit Wasser und Milch verrühren, bis sie sich auflöst. Süßstoffe (Honig oder Buschhonig oder Sirup) zugeben und – bei Verwendung von Wattle dieses mit dem Wasser – in die Hefemischung rühren.

Das Mehl in eine große Schüssel sieben, die herausgesiebte Kleie ebenfalls zugeben. Alle Zutaten, die als Geschmacksstoff verwendet werden, unterrühren. Eine Vertiefung bilden und die Hefemischung hineingeben. Mit einem Teigspatel unter das Mehl mischen und verrühren – der Teig wird ziemlich feucht und klebrig. Die Schüssel mit einem Geschirrtuch bedecken und den Teig an einem warmen Ort eine Stunde gehen lassen.

Den Teig großzügig mit Mehl bestäuben und auf eine bemehlte Fläche stürzen. Vorsichtig nicht mehr als 30 Sekunden kneten, um die Gärungsgase freizusetzen und die Klebrigkeit zu verringern. Zu einem Brotlaib formen, in einer mit Backpapier ausgelegten und gut eingebutterten Form bei 180 °C 30 bis 40 Minuten backen.

10 Minuten abkühlen lassen und aus der Form nehmen.

Mit Eingemachtem (zum Beispiel Kakadupflaumengelee oder wilder Rosellamarmelade), Zitronenespenquark (einem zähflüssigen Brotaufstrich) oder Eukalyptusbutter servieren.

Eukalyptusbutter wird hergestellt, indem man zum Verzehr zugelassenes Eukalyptusöl tropfenweise in weiche Butter rührt.

◆ Datteln, Zucker, Natron, 2 EL Butter und heißes Wasser miteinander verrühren. Das gesiebte Mehl, Backpulver, das geschlagene Ei und Vanille zufügen, alles gut schlagen.
Den Teig in die eingefettete Backform geben und bei 180 °C etwa 40 Minuten backen.
Abkühlen lassen und in dicken Scheiben mit Butter servieren.

Dattellaib
Date Loaf

150 g gehackte Datteln
200 g Zucker
1 TL Natron
Butter
¼ l heißes Wasser
250 g Mehl
2 TL Backpulver
1 Ei
1 TL Vanillearoma

◆ In einem Topf Milch, Sahne und Zucker erhitzen. Butter sowie Rum zugeben und ohne zu kochen weiter erhitzen, bis sich der Zucker vollständig auflöst. Einige Minuten köcheln, bis 115 °C erreicht sind – dies ist der Fall, wenn Sirup, der zum Test in kaltes Wasser getropft wird, eine weiche Kugel bildet. Den Topf vom Herd nehmen und rasch abkühlen: im kalten Wasserbad oder indem die Masse in eine Schüssel mit kaltem Wasser gegossen wird und dort eine Kugel bildet.
Nach 5 Minuten die Masse mit einem Holzlöffel dick und cremig schlagen, Rosinen unterrühren. In eine flache Form gießen und völlig erkalten lassen. Mit einem Messer 2 bis 3 cm große Stücke markieren und abbrechen.

Fondant mit Rum und Rosinen
Rum and Raisin Fudge

für etwa 600 g

100 ml Milch
100 ml Sahne
500 g Zucker
125 g Butter
10 ml Rum
70 g Rosinen

Karamellbonbons
Butterscotch

für etwa 500 g

400 g Zucker
170 ml Golden Syrup
60 ml Sahne
60 g Butter
nach Geschmack:
  1 TL Vanillearoma

◆ In einem Topf Zucker, Sirup, 60 ml Wasser und Sahne bei mittlerer Hitze unter ständigem Rühren erwärmen, bis sich der Zucker auflöst und die Masse eine Temperatur von 126° bis 130 °C erreicht hat – dies ist der Fall, wenn Sirup, der zum Test in kaltes Wasser getropft wird, eine harte Kugel bildet. Butter unterrühren und köcheln, bis bei der Wasserprobe feste Fäden entstehen. Eventuell Vanille zugeben.
Die Masse in eine Form gießen und abkühlen lassen. In warmem Zustand mit einem eingefetteten Messer in Stücke schneiden.

Ingwermarmelade
Ginger Marmalade

am Vortag beginnen,
  2 Stunden Vorbereitungs-
  und Kochzeit

500 g Bitterorangen
  (Pomeranzen) oder nor-
  male Orangen
120 g Ingwerwurzel
1½ kg Zucker
3 EL Zitronensaft

◆ Die Orangen waschen, die Schalen abbürsten, mit Schale vierteln oder achteln. Kerne entfernen und in ein Stoffsäckchen binden, Orangen fein schneiden. Die Ingwerwurzel schälen, eventuell längs halbieren und in sehr dünne Scheiben schneiden. Orangen, Ingwer und Stoffsäckchen über Nacht in 2 l Wasser weichen lassen.
Am nächsten Tag etwa 90 Minuten kochen, bis die Schale der Orangenstückchen weich ist.
Das Stoffsäckchen entfernen, Zucker und Zitronensaft einrühren. Die Mischung zum Kochen bringen und ohne Deckel etwa 20 Minuten kräftig kochen, bis der Gelierpunkt erreicht ist.
In warme Gläser füllen und luftdicht verschließen.

Rezeptregister

Stichwortregister

Die *kursiven* Seitenangaben verweisen auf Texte, die den Begriff erläutern, die übrigen auf Rezepte, in denen diese Zutat ein wichtige Rolle spielt.

In der Reihe »Gerichte und ihre Geschichte«
erschienen in gleicher Ausstattung:

Magdi und Christine Gohary · Brahim Lagunaoui
◆ Arabisch kochen

Moema Parente Augel
◆ Brasilianisch kochen

Madhur Jaffrey
◆ Indisch kochen

Jürgen Schneider
◆ Irisch kochen

Beate Engelbrecht · Ulrike Keyser
◆ Mexikanisch kochen

Ketselah Wubneh-Mogessie
◆ Ostafrikanisch kochen

Márcia Zoladz
◆ Portugiesisch kochen

Jojo Cobbinah, Holger Ehling
◆ Westafrikanisch kochen

Brigitte und Elmar Engel
◆ Indianisch kochen

Die Reihe wird fortgesetzt. Bitte fordern Sie
unseren aktuellen Katalog an:

Verlag Die Werkstatt
Lotzestraße 24a
D-37083 Göttingen

Die Erstausgabe von »Australisch kochen« (ISBN 3-86034-144-8) erschien 1995 in der Edition diá, Berlin. Für die vorliegende Ausgabe (3-89533-281-X) wurde der Band vollständig überarbeitet.